알고 대처하는
디지털 성범죄

알고 대처하는

디지털 시대, 나를 지키는 필수 상식

디지털 성범죄

원은정 지음

착한책가게

머리말

　무지가 사람을 죽인다.

　'디지털 성범죄'는 새로운 영역처럼 보이지만, 현 사회를 살아가는 우리 모두는 이미 이러한 위험에 연결되어 있으며, 위협의 가능성은 우리의 일상을 다양한 방식으로 파고들고 있다. 이 위험천만한 환경에 둘러싸여 있으면서도 우리는 여전히 디지털 성범죄를 잘 모르고 있으며 동시에 알려고 하지 않는다.

　N번방이라는 경악스러운 사건 이전에도 디지털 성범죄는 곳곳에서 일어났고 사람의 목숨을 빼앗았는데, 그런 일들이 일어나고 있음에 사회는 무지했다.

　이렇게 모르고 지내오는 동안, 디지털 성범죄는 거대한 성 산업과 결탁하여 보이지 않는 곳에서 성 착취물과 불법촬영물을 활발히 사고파는 일이 만연해졌다. 가까운 사이에서의 추억이 협박 도구가 되고, 아는 사람의 얼굴을 합성하여 모욕하는 '딥페이크'가 일상 속에 빈번해졌으며, 모르는 사람과 우연히 연결된 채팅을 통해 '몸캠피싱' 협박이 일어나고 있다. 그 결과 수많은 피해자가 속출했으며, 피해자들의 고통은 사건이 해결되어도(사건이 잘 해결되지도 않지만) 지속되고 있다. N번방 이후에도 사회의 관심과 대처가 미비한 틈을 타 디지털 성범죄는 줄어들기는커녕 더욱 은밀하고 악랄해지고 있음을 알아야 한다.

디지털 성범죄의 가장 큰 문제는, 원본 외에 무수한 복사본이 존재한다는 사실이다. 게다가 원본과 복사본은 구별되지 않으면서 확산력이 엄청나다. 실제로 온라인을 떠도는 영상을 다 지웠다 하더라도, 개인이 다운받은 영상까지 지울 수 없기에 언제든 다시 확산될 수 있다는 사실이 피해자들에게는 '영원한 고통'으로 작용한다.

디지털 성범죄를 연구하면서 느낀 것은, 가해자들이 너무나도 지능적이라는 것이다. 그들의 전략은 치밀하다. 인간의 심리를 이용하여 피해자의 경계를 풀고, 그루밍을 거쳐 결국에는 자신들이 짜놓은 함정에 빠뜨린다. 그렇기에 알아야 한다. 그들의 전략이 무엇이고, 그들의 함정이 무엇인지. 알아야 대처할 수 있고 예방할 수 있다. 디지털 환경에 훨씬 많이 노출되어 있는 현 시대의 청소년들일수록 특히 제대로 알아야 한다. 피해자가 되면 혼자서 해결하려고 하다가 오히려 더 큰 수렁에 빠지기 때문이다. 이걸 금지와 통제, 접근금지로 막으려고 하는 것 역시 무지의 발로이다. 통제는 오히려 나중에 덫에 쉽게 걸릴 수 있는 무지의 상태를 만든다.

또한 무지는, 자신이 인지하지 못하는 사이에 가해자가 되게 하기도 한다. 우리 손에 가장 많이 쥐어지는 스마트폰의 카메라 기능과 다양한 앱 그리고 온라인 연결로 인해 장난으로, 호기심으로, 재미로 혹은 누군가가 미워서 하는 행동이 디지털 성범죄가 될 수 있다. 그래서 나의 행동이 누군가에게 어떤 피해를 주는지 알아야 범죄자가 되지 않는다. 이제 더 이상은 '호기심으로, 장난 삼아, 모르고' 등의 변명은 통하지 않는다.

책을 쓰면서, 더 많은 내용을 담고 싶은 욕심과 싸워야 했다. 디지털 성범죄는 범위가 넓고 참 슬프게도 사례도 무수히 많다. 지금 당장 '디지털 성범죄' 기사만 검색해봐도 정말 놀랍도록 많은 사건을 접할 수 있다. 하지만 이 책에 더 많은 내용을 담기보다는 디지털 성범죄의 기본을 알리는 것에 중점을 두기로 했다. 그리고 이 시대를 살아가고 있는 아동, 청소년, 청년, 부모와 교사, 어른, 노인에 이르기까지 디지털 성범죄와 연결되지 않은 이가 없기에 모두가 알았으면 하는 마음으로 썼다.

이 책의 내용은 '한국교원캠퍼스'의 〈알고 대처하는 디지털 성범죄〉 원격연수로도 촬영되어 있으니 보다 많은 곳에서 교육이 이뤄지기를 기대해본다.

이 책이 세상에 나올 수 있게 시대에 공감하는 힘을 보태주는 착한책가게 출판사에 감사하며, 디지털 성범죄에 관심을 가지고 꾸준히 연구하는 이들과 기사를 통해 세상에 알리는 일에 소홀하지 않는 이들에게도 감사를 전한다.

인권교육연구소 원은정

| 차 례 |

1장

디지털 성범죄는
왜 일어나는가?

1

통계보다 중요한 '한 사람'

지금부터 나열하는 문장과 문장 속의 숫자에 주목해주길 바란다. 읽으며 잠시 멈추고 계산을 해봐도 좋고 그냥 스치듯이 읽어도 좋다.

'2021년 검찰연감'에 따르면 작년에 적발된 디지털 성범죄 사범은 1만6866명으로 1년 전 1만4380명보다 약 17% 증가했다고 한다. 디지털 성범죄 통계를 산출하기 시작한 2016년 이후 가장 많은 숫자라고 한다. 검찰과 경찰이 디지털 성범죄의 심각성을 인지하고 엄격하게 대응했던 이유도 있겠지만 코로나19로 인한 비대면 영향으로 디지털 성범죄 비율이 늘어났다고 보고 있다.[1]

그러나 법무부의 〈최근 5년간 디지털 성범죄 사범 접수 및 처분 현황〉의 통계를 보면, 구약식 처분 비율은 2019년 11.6%(1672건), 2020년 9.8%(1550건), 2021년 10.7%(1875건)이다. N번방으로 떠들썩했던 2020년보다 2021년에 구약식 건수가 증가한 것을 확인할 수 있다.[2]

(구약식 처분은 검사가 사건에 대해 징역형보다 벌금형이 마땅하다고 생각되는 경우 기소와 동시에 벌금형으로 처리하는 방식으로 사건이 경미하다고 판단하는 약식명령에 해당한다.)

자, 지금까지 읽으면서 여러분은 '사람'이 보였는가? 더 정확하게는 '피해자'가 보였는가? 더 정확하게는 '일상이 위협받고 파괴되고 처절하게 상처 입은 한 사람'이 입체적으로 다가왔는가?

사람들은 이따금 통계를 보고는 '생각보다 숫자가 적네.'라고 하기도 하고, '비율로 따지면 소수에 해당되네.'라고 생각하기도 한다. 그러나 숫자마다 한 사람 한 사람이 결부되어 있고, 그 사람은 지금 당장 눈을 돌리면 보이는 나의 사랑하는 사람들이거나 나일 수 있다. 그렇다면 숫자 하나에 나를 한번 대입해보자. 1이라는 숫자가 적다는 이유로 중요한 사안이 아니라고 제쳐두거나, 큰 문제가 아니라고 생각할 수 있는가? 우리 가족이 4명이라면 4라는 숫자는 어떠한가? 우리 반 인원이 30명이라면 30이라는 숫자는 어떠한가? 이 숫자가 특별히 심각할 것 없는 소수의 숫자인가?

평범하게 학교를 다니던 중학생이 협박에 시달리다 목숨을 잃은 일이 있었다. 스스로 목숨을 끊었다고 뉴스에 보도되었지만 명백하게 사회적 타살이다. '몸캠피싱'으로 피해자가 된 한 아이가 극도의 공포와 불안을 야기하는 협박 속에서 처절하게 외로운 시간을 보내다 마침내 자신을 죽이는 것으로 삶을 마무리한 것이다. 이 학생 가족의 충격과 슬픔은 이루 말할 수 없으며, 학교 선생님과 친구들은 그 아이의 빈자리를 여실히 느끼며 슬픔이 가득한 일상을 보냈다. 가족과 친구들은 오랜 시간 죄책감에 시달려서 상담 전문가와 지속적으로 상담을 하여 겨우 마음을 추슬렀다. 하지만 살아가면서 문득 문득 지켜주지 못한 죄책감과 마주하며 살아야 할지도 모른다.

영화 〈마션〉은 화성에 표류된 주인공이 300일 가까이 생존하다 결국 구출되는 서사로 흥행에 성공했다. 영화에서는 1명을 구출하기 위해 많은 예산과 기술 그리고 수많은 사람의 노력이 동원된다. 오직 1명을 구하기 위해 두 국가가 협력하며 온 지구인이 그의 구출 소식에 환호를 한다. 이 장면은 뭉클하고 감동적이다. 관객의 한 사람으로서도 주인공이 구출되기를 영화 내내 바랐고 마침내 구출됨에 기뻤다. 게다가 화성에서의 생존과 구출은 불가능해 보이는, 확률이 낮은 일임에도 수많은 인력이 동원되어 포기하지 않고 3년 가까이 온 에너지를 기울여 결국에는 구출에 성공한다. 생명을 돈으로 환산한다면, 한 사람을 구출하는 데 과연 얼마의 금액을 투자할 수 있고 얼마의 시간을 들일 수 있을까?

> "데이터는 권력이다. 데이터는 현실을 압축해 보여주고, 단박에 상대를 설득한다. 그래서 데이터는 때로 기만이 된다. 데이터가 없으면 명백히 존재하는 현실도 지워진다."[3]

통계는 기술이다. 기술의 발전이 '인간'에 주목하게 하지 않고 인간을 지운다면, 통계는 기술도 참고자료도 아닌 폭력이 된다. 숫자 자체가 권력이 되는 것이다. 큰 수가 권력이 되어 적은 수를 탄압하고 몰살한다. 통계에 따라 자본이 움직이고 정책이 움직인다. 큰 수에 따라 움직이는 힘을 제어하여 '여기 사람이 있다'고 외칠 수 있게 하는 것은 오직 우선순위를 알아차리는 힘이다.

앞에서 인용한, 숫자로 표현된 사건마다 한 명 이상의 피해자가 있을 것이고, N번방 사례에서 알 수 있듯 디지털 성범죄는 1명의 가해자가 수많은 피해자를 만들어낸다는 사실을 감안한다면 사건 수보다 훨씬 많은 피해자가 있다는 걸 우리는 알아차려야 한다.

이 책을 읽는 우리가 주목해야 할 것은 숫자 너머에는 사람이 있으며, 이 사람은 나를 비롯해서 누구든 될 수 있다는 사실이다. 부디, 숫자에 나의 공감과 관심이 묻히는 것에 동의하지 않길 바란다.

2
온라인 시대, 비대면 시대, 심각한 디지털 성범죄 피해

디지털 성범죄 피해가 나날이 심각해지고 급증하고 있다. 더군다나 코로나19로 사회적 거리두기가 일상화된 비대면 시대에 접어들면서 디지털 공간에서 일어나는 범죄가 가파르게 증가하고 있는 현실이다.

디지털 성범죄 문제는 기술 발달이 기반이 되기는 하지만 기술의 문제가 아니라 인간의 외로움과 호기심이 타깃이 되는 문제다. 인간은 누군가와 연결되고 싶어 하고, 일과 외의 시간에 심심함과 외로움을 달래고자 간편하고 단기적으로 연결되는 채널을 찾곤 한다. 간편하고 단기적으로 연결되는 채널이 양산하는 것은 주로 '휘발성 관계'이다. 자신의 일상과 생각에 반응하고 열광해주는 낯선 이에게 서서히 빠져드는가 하면, 잠시의 재미가 큰 피해로 이어지기도 한다. 범죄자들은 이런 인간의 틈을 파고들어 상대방의 심심함과 외로움을 자극하여 낚는 기술을 발휘한다.

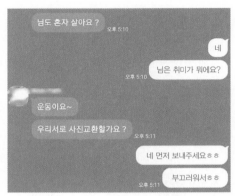

출처: 2022. 10. 11. 한국경제
(https://n.news.naver.com/mnews/article/015/0004760641)

온라인은 누구와도 쉽게 연결될 수 있도록 해준다. 이미 연결이 되도록 만들어져 있어 낯선 사람과의 대화가 손쉽게 이뤄질 수 있다. 앱(app, 애플리케이션(application)의 줄임말)을 설치하여, 또는 SNS나 게임상에서 친구들과 가볍게 이야기를 나눌 수 있다. '친구'라고 하지만 실제 알고 있는 사람은 아니면서 일상의 심심한 틈을 채울 수 있는 상대라고 할 수 있다. 이들의 본모습을 모르는 데다 위험을 감지하지 못한 상태에서 상대방이 적극적으로 나올 경우, 더 흥미가 돋고 재미를 느끼기도 한다. 가해자들은 바로 이런 반응을 놓치지 않고 상대방과의 대화를 더 친밀하게 이어나간다.

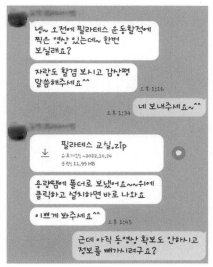

출처: 2022. 10. 11. 한국경제
(https://n.news.naver.com/mnews/article/015/0004760641)

이렇게 몇 번 이야기를 나누다 보면 얘기가 잘 통하는 것 같아 특별히 이상한 점이 없으면 상대방에 대해 더 알고 싶은 마음이 생기게 마련이다. 가해자들은 이 찰나를 놓치지 않고 자신의 사진을 보내준다고 한다. 상대방이 얼굴까지 보여주는 것에 오히려 의심을 거두고 상대방의 사진 파일을 클릭하는 순간, 내 폰에 해킹파일이 심어져 폰에 들어있는 연락처와 사진 등의 정보를 빼앗길 수 있다. 대부분의 가해자들은 해킹파일을 설치하기 전에 피해자들에게 신체 부위의 사진 등을 요구하는데 재미로 주고받은 이것이 협박의 도구가 되는 것이다.

해킹파일이 설치되는 순간, 그동안 친근하게 대화를 주고받던 것과는 전혀 다른 분위기, 아니 사실은 본색을 드러낸다. 이전에는 도용한 사진 등으로 본모습을 숨기고 피해자가 경계를 허물 때까지 맞춰주며 대화를 나눴다면 이때부터는 돌변하면서 일상을 압박해오기 시작한다. 피해자들의 공통된 진술 중 하나는 가해자가 순식간에 달라지면서 거칠고 험악해졌다고 말한다. 그리고 짧은 시간 내에 강한 협박을 하면서 이성적인 생각이나 대처를 할 수 없게 했다고 고백한다.

다음 사례의 대화에서처럼 시간을 3분, 5분, 이렇게 짧게 설정하여 압박하면서 제대로 된 판단을 할 수 없게 하거나 주변인에게 도움을 요청할 수 없게 하는 것이 그들의 지능적인 수법이다. 피해자 입장에서는 놀라고 당황스러운 마음에 사진 유포를 막겠다는 일념으로 가해자가 시키는 대로 움직인다. 하지만 돈을 입금한다고 해서 해결되는 것이 아니라는

게 문제다. 범죄자들은 협박이 통한 사람을 쉽게 놓아주지 않고, 추가로 돈을 입금하라고 하거나 다른 친구의 연락처를 대라고 하는 등 지속적으로 괴롭힌다.

2021년 한국형사·법무정책연구원의 '분기별 범죄동향 리포트'에 따르면, 2021년 4분기에 일어난 성폭력범죄는 1만 797건으로, 코로나19 확산 이전인 2019년 4분기에 비해 20.9% 늘어났다고 한다.

① 카메라 등을 이용한 불법촬영 : 1,746건➔2,239건
② 통신매체를 이용한 음란범죄 : 413건➔2,342건

특히 '통신매체를 이용한 음란범죄'는 5배 이상 폭증하였다. 우리가 거듭 인식해야 하는 것은, 위의 숫자는 신고 접수된 건이 중심이기에 신고하지 않은 피해는 훨씬 더 많을 것이라는 사실이다. 물론 수사기법이 정교해져서 그동안 드러나지 않았던 암수범죄가 드러나는 것이기도 하지만 작은 범죄부터 조직적인 범죄까지 드러나지 않은 디지털 성범죄 역시 진화하고 있다.[4]

또한 아동청소년 대상으로 일어나는 디지털 성범죄는 그 수법이 교묘해지고 신종수법도 늘어나고 있다. 새롭게 대두되고 있는 SNS를 통한 디지털 성범죄에 대해 기사를 통해 함께 알아보자. 다음에 기사의 일부를 소개한다.

성적인 목적으로 아동·청소년들이 입던 속옷과 양말 등을 구매하는 행위가 일어나고 있지만 구매자를 처벌할 근거조차 마련되어 있지 않으며 오히려 가해자들이 협박 및 성 착취물 촬영을 강요하고 있어 문제가 되고 있습니다. 가해자들은 피해자들에게 SNS를 통해 해킹코드가 포함된 링크를 보내고, 피해자가 링크에 접속하도록 유도해 피해자의 이메일, 전화번호, 지역 정보 등 개인정보를 캐내어 피해자를 협박합니다. 그러나 피해자들은 자신의 행위가 옳지 못하다고 느끼고, 만약 신고를 하면 불이익이 생길 수 있다는 생각에 경찰에 신고하지 않는 경우가 대부분입니다.

현행법상 자신의 속옷이나 양말을 사고 파는 건 불법이 아니며, 유사 성매매나 성 착취에도 해당하지 않아 적용할 법규가 없고, 경찰 관계자는 "성적 의도가 있다 하더라도 개인 간 물품 거래를 규제할 수는 없다"고 전했습니다. 가해자들은 판매자들이 이러한 법규를 잘 모른다는 점을 이용해 협박하지만 오히려 판매자에게 강요나 협박을 한 구매자가 처벌 대상입니다.

  – 양평 시민의 소리(http://www.ypsori.com), 〈더리더:디지털 성범죄 함께 읽기〉 중에서

아동청소년들은 대개 자신이 스스로 사진을 찍었고 그 사

진을 돈을 받고 판매하였기 때문에 자신에게 잘못이 있다고 생각한다. 그래서 이후 판매한 사진으로 가해자가 협박을 해 올 경우 신고를 하거나 제대로 대처하지 못하고 협박에 못 이겨 더욱 수위 높은 사진을 강요하는 것에 응하거나 성 착 취 노예가 된다. 실제로 이런 성 착취물이 유포된 경우도 있 었으며, 사이트 등을 통해 계속해서 판매가 되기도 한다. 성 착취물 제작은 인터넷 채팅과 채팅 앱으로 처음 접촉한 경우 가 가장 많았다.[5]

분명한 것은 판매자에게 이런 사진을 요구하고 강요, 협박 한 구매자가 처벌 대상이라는 것이다. 특히 아동청소년에게 신체 사진을 요구하는 것은 청소년성보호법상 성 착취물 제 작이라는 중범죄에 해당한다. 이 사실을 잘 숙지하고 구매자 (가해자)가 협박해올 경우 반드시 신고하여 협박에서 벗어날 수 있도록 해야 한다.

3

누구나 피해자, 가해자가 될 수 있다

"누구나 피해자, 가해자가 될 수 있다."라는 말을 들으면 여러분은 '누구나'에 '내가 포함될 수도 있다'는 생각을 하는가, '설마 내가 포함되겠어?'라는 생각을 하는가? 디지털 성범죄가 기승을 부리고 있고, 피해의 수위와 범위가 개인의 삶을 파괴할 정도로 파급력이 크다. 하지만 아직 많은 사람이 자신과는 먼 이야기라 생각하고 있으며, 이런 안일한 생각이 디지털 성범죄 피해가 줄지 않고 오히려 늘어나는 이유이기도 하다. 범죄자들의 수법과 규모는 날로 발전하는데, 사회의 인식은 아직도 "그런 게 있어?"에 머물러 있으니 둘이 맞붙으면 당연히 모르고 있는 쪽이 속수무책 당할 수밖에 없다.

누구나 피해자 또는 가해자가 될 수 있는 이유로는 여러 가지를 들 수 있는데, 가장 대표적인 것은 자신이 하는 일이 범죄라는 사실을 인지하지 못해 가해자가 되는 경우다. 다음 예를 한번 보자. 자신의 지인들과 대화를 나누는 단톡방에 재미있는 사진을 하나 공유했다. 한 남성이 술에 취해서 지하철 좌석에 앉아 자고 있는 사진이었다. 옷을 떨어뜨린 채 자고 있는 모습이 우스꽝스러워 단톡방에 올렸고, 지인들은 "대박이다." 하면서 외모 품평과 함께 온갖 글을 올리기 시작했다. 이는 당연히 불법이다. 불법촬영에 유포죄까지 포함된다.

또 한 명은 단톡방에 버스에서 우연히 마주친 모르는 여성의 사진을 올렸다. 자신의 이상형을 찾았다며 "버스에서 같이 내려서 말을 걸어볼까?" 등의 질문을 올렸다. 지인들은 응원을 보내며 스타일이 어떠하다는 둥 외모를 언급하다가 수위를 넘는 농담까지 했다. 이런 일은 어떤가? 역시 동의를 받지 않은 불법촬영이며 유포에 해당된다.

Q 제가 청소년인데 불법촬영을 해서 걸렸는데

저는 진짜 호기심으로 시작해서 불법촬영한 여고생한테 걸렸는데 그 사람한테 미안하다고 싹싹 빌고 학교만 물어보고 갔는데 신고 할까요? 그리고 신고 되면 처벌을 얼만큼 받죠?

포털 사이트에 한 청소년이 올린 글을 보면, 타인의 사진을 무단으로 촬영한 일이 들켜서 전전긍긍하고 있다.

상대방의 동의를 얻지 않고 사진을 찍는 일은 잘못된 거라는 인식을 하게 된 것은 들켰기 때문일 것이다. 그냥 재미로, 마음에 들어서, 혼자만 간직하려고 타인의 동의 없이 사진이나 동영상을 찍는 행위는 불법촬영에 해당하며, 이에 더해 유포를 하게 되면 불법유포죄에 해당된다.

누구나 디지털 성범죄의 피해자, 가해자가 될 수 있는 이유를 정리하면 다음과 같다.

1. 가해자 진입장벽이 낮다. 약간의 기술, 장난이라고 생각한 행동으로 가해자가 될 수 있다.
2. 기술 발전에 비해 법적 책임의식이나 사회적 인식이 낮다.
3. 특정인이 가해자나 피해자가 된다고 생각하고 나와 주변인들은 거리가 멀다고 생각한다.
4. 피해자들에 대한 왜곡된 사회적 인식으로 피해 사실을 숨기고 초반에 신고하지 못함으로써 더 큰 피해를 입기도 한다.
5. SNS 사진 등의 사소한 정보 노출도 범죄 대상이 될 수 있다.
6. 온라인 따돌림, 사이버 학교폭력 등에 활용되기도 한다.
7. 온라인이 능숙한 세대일수록 가해, 피해의 대상이 된다.
8. 기술의 발달이 범죄의 진입장벽을 낮춘다. 무음 카메라 앱, 용이한 편집 앱, 개인 온라인 공간이 곧 유포의 공간이

된다는 점, 공유의 무분별함으로 누구나 가해자, 피해자가
된다.

여기에서 더 큰 문제는, 자신이 벌이는 일이 얼마나 큰 잘
못인지 모른다는 데 있다. 그러니 피해자의 고통을 예측하지
못하고 무지한 상태에서 가해자가 되는 것이다.

피해자가 되는 것 역시 순식간이다. 링크를 누르는 순간
나의 스마트폰이 해킹되고 조직적으로 움직이는 거대한 성
산업의 제물이 된다. 이 모든 것들을 조심한다고 해서 안심
할 수는 없다. 친한 사이에서 벌어지는 디지털 성범죄도 있
기 때문이다. 가장 가까운 사이인 연인끼리 찍은 사진과 영
상이 상대를 위협하는 디지털 성범죄 도구로 변모하기도 하
며, 아는 사람의 얼굴과 다른 사진을 합성하는 딥페이크의
덫에 걸릴 수도 있다.

디지털 성범죄는 우리가 생각하는 것보다 훨씬 가까이에
있다. 지금 이 순간에도 세계 곳곳에서 벌어지고 있으며, 돈
을 쉽게 긁어모으는 산업 형태로도 발전하면서 없어지지 않
을 것이다. 그렇기에 디지털 성범죄가 무엇인지 알고 예방하
는 것만이 최상의 길이라 할 수 있다.

2장

디지털 성범죄,
손쉽고 끔찍한 협박

1

몰래카메라가 아닙니다,
불법촬영물입니다

"여성 안심 화장실"

"불법촬영 카메라 수시점검 화장실"

"불법촬영신고 112"

이런 문구가 새겨진 스티커를 본 적이 있는가? 고속도로 휴게소 화장실 입구와 공공 화장실 입구 등에서 수시로 볼 수 있는 문구다. 화장실 입구는 물론이고 화장실 칸마다 스티커가 붙어있으며, 숙박업소 입구에도 "몰카 예방교육 참여 제휴점"이라고 숙박업 예약 플랫폼 앱 이름을 건 스티커가 붙어있기도 하다. 또한 여성가족부에서는 불법촬영 의심 구멍 막음용인 '안심스티커'를 공공시설들에 나눠주고 부착하는 등의 지원을 한다.

최근에는 지하철 에스컬레이터 등에 '안심거울'이라 불리는 볼록거울이 설치됐는데, 사람 뒤편에서 몰래 불법촬영을 하는 사람을 곧바로 알아볼 수 있도록 한 것이다. 운전할 때나 횡단보도를 건널 때 사각지대를 확인할 수 있게 보여주는 볼록거울이 불법촬영을 확인하는 용도로도 쓰이게 된 것이다.

자, 지금까지 글을 읽으면서 어떤 생각이 드는가? 불법촬영을 예방하기 위해서 이렇게 많은 활동과 지원을 하고 있구나, 하며 안심하기에 앞서, 불법촬영이 이렇게나 일상화되어 있다는 사실이 놀랍지 않은가? 화장실, 탈의실, 해수욕장 등 일상적인 생활 공간에 불법촬영이 만연해 있으며, 특히 여성들은 늘 불법촬영을 경계하면서 불안해하며 살아가고 있다. 여성들은 어디서나 불법촬영 범죄의 대상이 될 수 있다는 공포를 안고 살아가며 이 사회는 여성들에게 안전하고 자유로운 공간이 아니다. 한때 휴대폰 카메라에 셀로판지를 붙여서 공공 화장실을 사용할 때 스스로 불법으로 설치된 초소형 카메라를 감지하는 방법이 SNS에서 유행하기도 했다.

문제는 여기에서 그치지 않는다. 학교에서 적발된 불법촬영은 학교마저도 안전지대가 아님을 말해준다. 그래서 각 지역의 교육청은 관내 모든 초·중·고교의 학교 내 불법촬영 카메라 설치 여부를 불시 점검하여 안전성을 확인하고 있다. 최근에는 학교의 여자 교사 화장실과 여자 학생 화장실에 30대 남자 교사가 초소형 카메라를 설치하여 699건의 불법촬영을 한 사실이 드러나 큰 충격을 주었고, 앞서서 한 고등학교에서는 학생이 교사 7명의 신체 부위를 몰래 촬영하다 적발되는 일도 있었다. 또한 한 초등학교 6학년 학생이 담임선생님의 치마 속을 수업 도중 촬영한 일이 일어나 모두를 경악하게 했다.

우리가 일상에서 사용하는 스마트폰 카메라는 손쉽게 사진과 영상을 촬영하여 일상을 쉽게 기록할 수 있는 유용한 장치다. 하지만 동시에 다른 사람의 일상을 위협할 수도 있다는 점에 경각심을 가져야 한다.

불법촬영의 문제점은 ①청소년을 비롯한 모든 사람들이 가해자, 피해자가 될 수 있고, ②문제의 심각성을 인지하지 못하고 지속적으로 범죄를 저지를 수 있으며, ③불법촬영물을 유포하거나 해킹을 당해 2차 피해로 이어질 수 있다는 점이다. 불법촬영은 이토록 가장 손쉬우면서도 그 심각성에 대한 문제의식이 낮아서 디지털 성범죄 중 재범 가능성이 가장 높다.

자, 그렇다면 과연 무엇이 불법촬영일까? '불법촬영' 이전에 우리에게 익숙한 용어가 '몰래카메라'였다. '몰카'는 '도촬'과 함께 대중적으로 쓰이던 용어였는데 이제는 더 이상 사용하지 않는다. 이유가 뭘까?

'몰래카메라'라는 아주 유명한 TV 예능 프로그램이 있었다. 개그맨 출신 MC 이경규 씨가 진행하던 프로그램인데, 매주 연예인 한 명을 지정해 당혹스러운 상황을 연출하고 그 반응을 몰래 설치된 카메라를 통해 관찰하는 것으로, 당시에 많은 인기를 끌었다. 해당 연예인은 자신이 몰래카메라 프로그램에 출연하는지도 모를 뿐 아니라 자신 주변 곳곳에 카메라가 설치되어 있다는 사실도 까맣게 모르는 것이 이 프로그램의 묘미였다. 예상치 않은 다툼이 벌어지기도 했지만, 어처구니없는 상황에서 출연한 연예인이 보이는 당황하고 진솔한 모습이 많은 시청자들에게 호응을 얻었다.

이 몰래카메라라는 방식은 일반 사람들에게도 전파되어, 생일 등 축하할 일이 있을 때 혹은 무리 중 한 사람을 놀리고 싶을 때 구성원들이 몰래카메라를 이벤트로 벌이기도 했다.

바로 이런 이벤트와 장난, 유희적 의미를 담고 있는 '몰래카메라'라는 용어를 당사자가 모른다는 이유로 성범죄에 해당하는 행위의 용어로 사용해온 것이다. 이후 몰래카메라 범죄가 꾸준히 늘어나면서 용어에 대한 재정립이 요구되었다. 그래서 이제는 몰래카메라가 아닌 '불법촬영'이라는 용어와 함께 '디지털 성범죄'라는 새로운 명칭이 도입된 것이다.

대중적으로 흔히 '몰래카메라'란 용어를 많이 사용하는데,

표준국어대사전에 따르면, "촬영을 당하는 사람이 촬영을 당한다는 사실을 모르는 상태로 촬영하는 카메라 또는 그런 방식"을 의미한다.

'도촬(盜撮)'이란 '도둑 촬영'의 줄임말로, "대상의 허락을 받지 않고 남몰래 사진이나 동영상 따위를 찍는" 일을 의미하며, '촬영대상자 또는 촬영대상물 관리자의 양해를 얻지 않은 것'과 '촬영행위', 두 가지가 핵심요소다.

그렇다면 다른 나라에서는 이 용어를 어떻게 표현하고 있을까? Peeping Tom(엿보기 톰), Hidden Camera(숨겨진 카메라 혹은 몰래 카메라), 법 용어인, Video Voyeurism(영상 관음증) 등의 표현이 있다.[6]

몰래카메라라는 용어가 성범죄 영역에서 사용되면서, 예전의 연예인 몰래카메라를 현재는 '깜짝카메라'로 표현하는 경우가 늘어나고 있다.

디지털 성범죄 중 가장 많이 일어나고 있는 불법촬영은 포털사이트 지식iN에 검색만 해도 피해자와 가해자들의 글이 넘쳐난다. 다음은 그중 몇 가지 사례를 요약한 것이다.

• 한 피해자는 아르바이트를 할 때 불법촬영을 당했고 그 때

문에 공포에 압도되어 발작이 일어나는 등 일상생활이 힘들다고 밝혔다. 그런데 문제는 경찰에 신고하려 해도 성적인 영상이 아니라서 신고도 되지 않아 어떻게 대처할지 몰라 혼자서 마음앓이를 하고 있다고 한다.

• 한 불법촬영 가해자는 여자화장실에서 불법촬영을 했고 CCTV를 통해 발각되어 조사를 받게 되었는데 어떻게 하면 선처가 가능한지 질문을 올렸다. 질문에서 이전에 촬영한 영상을 모두 지웠는데 휴대폰 포렌식을 통해 이전에 촬영한 것까지 밝혀져 문제가 될 수 있는지 묻는 점으로 보아 발각되기 이전부터 불법촬영을 해온 것을 알 수 있다.

불법촬영이 공공장소에서 모르는 사람들을 겨냥한 촬영만 있는 것은 아니다. 자신의 여자친구나 지인을 몰래 촬영하여 보관하다가 당사자에게 적발되거나 해킹으로 유포되어 피해자에게 더 큰 상처를 주는 일도 허다하다. 그동안 자신이 믿어온 한 사람이 알고 봤더니 자신의 자는 모습이나 성행위 영상을 동의 없이 촬영했다는 것만으로도 충격적인 일이라 할 수 있다. 게다가 이것이 협박 도구가 되기도 하니 제2, 제3의 범죄로 이어질 수 있다는 것도 문제점 중 하나이다.

그렇다면 불법촬영에는 불법적 유포가 포함될까? 불법촬

영에 유포는 포함되지 않는다. 다음 논문 글을 참고해보자.

"카메라등이용촬영죄는 '타인의 신체를 촬영'할 경우에만 적
용되기 때문에, 피해자의 얼굴만 도용하여 음란물에 영상합
성·편집한 불법영상물을 만든 경우에는 성폭력처벌법상의
'성적 욕망 또는 수치심을 유발할 수 있는 사람의 신체'를 '촬
영'한 것으로 보기 어렵고, '촬영물'에도 해당하지 않는다."

"'촬영'의 개념에 '저장'의 개념도 포섭시켜야 하는지에 대하
여, 최근 유행하는 유튜브(YouTube) 방송처럼, 카메라 등 기계
장치를 통해 '직접 촬영'하는 카메라 등 기계장치와 이와 연결
된 인터넷을 통해 '실시간 스트리밍(streaming)'되는 경우를 상
정할 경우가 문제가 된다고 지적하였다. 이러한 경우 '직접'
촬영의 장소적 개념은 물론 스트리밍 서비스 개념상 인터넷
상에서 음성이나 동영상 등을 실시간으로 재생하는 기술이라
는 점에서 '촬영'의 개념에 '저장'이라는 요소도 포함한 보다
폭넓게 해석될 필요가 생긴다고 볼 수 있기 때문이다."[7]

이처럼 법리에서 촬영(제작), 저장, 유포라는 용어는 각각
분리되기 때문에 디지털 성범죄 처벌법에 있어서 용어의 정
립이 중요하다. N번방 이후로 디지털 성범죄 처벌에 있어서

공백이 생겨 빠져나갈 수 있는 것들을 촘촘하게 재검토하고 있으며 앞으로도 법적 처벌을 강화하고 있다.

2021년 1월 디지털 성범죄에서 새로운 역사가 되었던 판결 사례를 하나 소개하겠다. 일명 '레깅스 불법촬영' 사건으로, 레깅스를 입은 여성의 뒷모습을 불법촬영한 혐의로 기소된 남성에게 원심에서 무죄를 선고한 사건을 대법원에서 유죄 취지로 돌려보냈다. 불법촬영 피의자는 특정 신체 부위를 촬영한 것이 아니며 레깅스는 일상복이기 때문에 전혀 문제될 것이 없다는 입장이었다. 하지만 대법원에서는 "성적 욕망, 또는 수치심을 유발할 수 있는 신체란 특정한 신체 부분으로 일률적으로 결정되는 게 아니다."라며 "촬영의 맥락, 촬영의 결과물을 고려해 그와 같이 촬영을 하거나 촬영을 당했을 때 '성적 욕망 또는 수치심을 유발할 수 있는 경우'를 의미한다."고 밝히며, "피해자가 공개된 장소에서 자신의 의사에 의해 드러낸 신체 부분이라고 하더라도 카메라등이용촬영죄의 대상이 되지 않는다고 섣불리 단정해서는 안 된다."고 말하며 유죄를 다시금 따져보게 한 것이다.

여기에서도 문제의 본질은 복장이 아니라 불법촬영 자체다. 어떤 옷을 입었느냐가 아닌 다른 사람 신체를 쳐다보거나 불법으로 촬영하는 행위 자체가 불법이라는 경각심을 준 사례다.

한편, 2021년에 초소형 카메라 판매를 금지시켜 달라는 국민청원이 23만 명의 동의를 얻어, '청와대국민청원' 채널을 통해 공식 답변안이 공개되었다. 청원 내용은 다음과 같다.

"초소형 카메라 판매를 금지해주십시오. 일명 몰카라고 불리는 불법촬영 범죄가 기하급수적으로 늘어나고 있습니다. 초소형 카메라를 이용해 화장실, 숙박시설, 지하철, 집 등 어디서나 불법촬영을 하는 범죄자가 급증하고 있습니다. 안경, 볼펜, 액자, 시계, 생수통, 화재경보기 등 위장된 모습으로 우리 옆에 존재합니다. 누구나 찍힐 수 있습니다. 이런 초소형 카메라는 인터넷에서 클릭 몇 번으로 쉽게 구매할 수 있습니다. 아무나 몰카 구매가 가능하고 찍을 수 있다는 것입니다. 마땅한 규제도 없이 일반인에게 버젓이 팔리고 있다는 겁니다."

청와대 답변은 고주희 디지털소통센터장이 맡았다.
다음은 청원답변 내용을 요약한 내용이다.

- 변형카메라 등록제 도입 및 관리강화방안 법률안 국회 계류 중

- 정부, 실효성 있는 대응과 산업발전 저해 우려 고려하며 입법 논의 적극 참여할 것
- 사회적 불안감 해소 위해 선제적 예방활동, 불법 카메라 탐지 등 현장 역량 강화
- 사이버성폭력 유통망 집중단속을 벌여 449명 검거, 범죄 수익 3억 8천만 원 환수조치[8]

이렇듯 기술의 발달로 누구나 마음만 먹으면 쉽게 기기를 구할 수 있는 환경에서 디지털 성범죄는 날로 증가하고 있다. 그렇다면 이런 불법촬영들이 왜 이렇게 성행하는 것일까? 이렇게 몰래 촬영된 영상들은 어디에 사용될까?

불법촬영은 곧이어 불법유포로 이어진다. 온라인에는 인증절차도 없이 이메일 주소와 비밀번호 설정만으로 회원가입과 게시, 다운로드를 받을 수 있는 유포 사이트가 수두룩하다. 이렇게 불법으로 촬영된 영상들은 피해자의 얼굴이 그대로 드러난 채로 게시되며, 이런 게시물을 다운로드하는 이용자들이 많다. 게시물을 올린 이들은 다운로드 수에 따라 돈을 벌기도 한다. 또한 게시물을 올려야 다른 게시물을 다운로드 받을 수 있는 권한이 생기기도 하며, 능력을 과시하려고 자료를 대량 올리는 이들도 있다.

불법촬영과 불법유포 피해자들은 자신이 어디에서 촬영된지도 모르는 데다 실제 게시판에 들어가봐야 자신의 피해 사실을 알 수 있기 때문에 감지한 후에는 이미 확산이 되어있는 경우가 허다하다.

그렇다면 불법촬영과 불법유포를 하지 않더라도, 불법촬영 영상에 댓글이나 '좋아요'만 눌러도 범죄가 성립될까? 이는 실제 디지털 성범죄 예방 강의를 할 때 가장 많이 받는 질문이기도 하다.

첫째, 불법촬영물에 성적 불쾌감을 유발하는 댓글을 게시하는 것은 2차 가해에 해당하며 이러한 범죄를 독려하는 것에 해당되므로 디지털 성범죄에 가담하는 것으로 볼 수 있다.

둘째, 불법촬영물에 '좋아요'를 누르는 것 자체가 범죄는 아니지만, SNS 종류에 따라 '좋아요'를 누르는 순간, 자신의 SNS 친구에게 해당 불법촬영물이 노출되기 때문에 이는 유포죄에 해당된다고 볼 수 있다.

불법촬영물이 확산되도록 돕는 행위는 유포죄, 명예훼손죄, 모욕죄 등으로 처벌될 수 있다는 사실을 명심해야 한다. 불법촬영과 불법유포는 소비 행위로 연결되어 있다. 즉, 불법촬영을 하지 않는 건 물론이고, 이런 영상을 보지 않는 것 또한 디지털 성범죄의 확산을 막는 길이다.

2
리벤지 포르노가 아닌
디지털 성범죄

　디지털 성범죄에 대한 용어 정립과 처벌법 등은 현재 초기 과도기라고 볼 수 있다. 디지털 성범죄 관련 용어가 아직까지도 혼재되어 사용되고 있어서 여러 인권 관련 기관에서 용어 정립과 관련된 캠페인과 성명서를 내고 있다.

　그중에서도 용어 정립이 가장 시급한 것이 바로 '리벤지 포르노(revenge porno)'라는 말이다. 몰래카메라는 이제 사회적으로 불법촬영이라는 인식이 자리잡고 있는데 이게 가능했던 이유는, 몰래카메라가 일상 곳곳에서 불특정 다수를 대상으로 벌어지는 디지털 성범죄라는 사실을 공공기관에서 적극적으로 알리며 캠페인을 벌였기 때문이다. 공공 화장실에 불법촬영 관련 스티커를 붙이고, 경찰청을 비롯한 공공기관에서 주관하여 캠페인을 벌이고, 언론에서도 이를 적극적으로 다룬 결과라 할 수 있다.

그러나 아직도 '리벤지 포르노'라는 용어는 뉴스나 기사에서 사용되고 있으며, 포털사이트 지식백과 등에 표제어로 올라 있기도 하다. '리벤지 포르노'라는 말은 여러 면에서 문제가 있는 용어다. 이 용어에 대한 사회적 경각심이 낮은 이유는, 불법촬영과는 다르게 공공장소에서 이루어지는 게 아니라 사적인 공간에서 이루어지며, 불특정 다수가 피해자가 아니라 1:1 관계를 맺은 개인이 피해자이기 때문이다.

리벤지 포르노라는 용어는 철저하게 가해자의 시각에서 발현된 용어라 할 수 있다. 피해자를 전혀 고려하지 않았을 뿐 아니라, 리벤지라는 뜻 때문에 어느 정도 타당한 이유마저 있는 듯한 오해를 불러일으킨다.

리벤지 포르노는 "(옛) 연인 사이에서 촬영자가 상대방의 의사에 반하여, 또는 동의를 받은 후 나체사진이나 성관계 동영상 등을 촬영한 다음, 상대방의 개인정보를 많이 알고 있다는 점을 악용하여 피해자의 배우자나 새 연인, 가족 등 특정인에게 유포하거나, 불특정 다수인이 볼 수 있도록 온라인상에 촬영물을 유포하고 있는 것"을 의미한다.[9]

두 사람이 서로 사귈 당시에 촬영한 성적인 영상과 사진을 보관하고 있다가, 헤어지게 될 경우 상대방에 대한 보복이라는 미명 아래 다른 사람들이 볼 수 있는 인터넷 사이트에 유포함으로써 헤어진 연인에게 타격을 주거나 이미지를 실추시키기 위해 벌어진다. 주로 여성이 대상이 되며 연인 관계혹은 부부 관계일 때 사랑의 추억이 협박과 범죄의 도구로 변한다는 점에서 피해자에게 이중의 정신적 피해를 준다는 것에 주목해야 한다.

게다가 대다수의 피해자들은 자신의 얼굴이 나오는 사진과 영상이 온라인상에서 유포, 유통되고 있다는 사실을 확인하기도 어려우며, 유포된 이후에는 삭제하는 등의 대처도 어렵다.

'리벤지 포르노'라는 표현의 문제점을 같이 들여다보자. '리벤지'란 표현은 상대방이 무엇인가 잘못한 것에 대한 응징의 의미를 내포하고 있고, '포르노'라는 표현은 음란물 개념과 혼재되어 피해자를 음란물의 대상으로 취급함으로써 피해자가 아닌 성적 대상으로 여겨지게 한다. 이러한 점에서 피해자(피해자의 비율은 여성이 압도적으로 높다)의 입장을 고려하지 않는 명칭이라고 판단된다.

여성가족부 역시 '포르노'라는 단어가 피해 여성들에게 정신적인 2차적 피해를 유발할 수 있음을 지적하며, '리벤지

포르노'라는 용어 대신 '개인 간 성적 영상물'이라는 용어를 사용하기로 발표한 바 있다.[10]

'포르노그래피'라는 용어 또한 성인물 산업에 의해 소비·유통되는 것을 당연히 전제하는 것이어서 피해자가 있는 중한 범죄라는 인식보다 이를 올리고 소비하는 남성 중심의 명명이라는 비판이 있었고 그로 인해 '불법 영상물' 등으로 그 명칭이 개선되고 있다.[11]

최근에는 리벤지 포르노를 '비동의 성적 영상 유포'라는 용어로도 여러 공공기관에서 캠페인을 벌이고 있다. 오스트레일리아 정부는 2016년부터 '이미지 기반 학대(image-based abuse)'라는 용어를 사용하고 있다.

시간이 지나면서 더 타당한 용어로 정립이 될 테지만, '비동의 성적 영상 유포'라는 용어와 함께, 현재는 모두 '디지털 성범죄'로 사용하거나 '이미지 기반 학대'라는 용어를 권장한다.

'비동의 성적 영상 유포'는 촬영보다 유포에 초점을 둔다. 촬영 당시엔 연인 간 좋은 관계에서 동의하에 촬영이 이루어지기도 하기 때문이다. 사귀는 동안을 기록하기 위해서 함께 촬영을 하거나, 거절할 수 없어 동의하에 촬영하는 경우 이전 처벌법에서는 "본인에 의해 촬영된 영상물의 유포에 대한 처벌을 할 수 없어 이에 대한 처벌공백이 있다는 점을 지적하는 비판이 많이 있었는데 개정법에서는 '타인의' 신체라는 부분이 삭제되어 본인의 신체를 촬영하였으나 그 의사에 반해 유포하는 경우에도 처벌할 수 있게 되었다."[12]

그래서 설사 서로 합의하에 혹은 본인이 사진과 영상을 촬영했다 하더라도 당사자의 동의 없이 타인에게 노출하거나 유포하는 행위는 디지털 성범죄에 속하며 처벌 대상이 된다.

가수 정준영 사건은 디지털 성범죄 사례 중에서도 많은 이들에게 충격을 준 사건이다. 정준영이 여성들과의 성관계 동영상을 동의 없이 몰래 불법으로 촬영하고 이를 여러 지인들과 카톡 단체방에 공유한 일로 현재 징역 5년을 선고받아 형을 살고 있다. 사실 이 일이 발각되기 전인 2016년에도 그는 전 여자친구와 교제할 때 몰래 촬영한 영상으로 전 여자친구로부터 성범죄 혐의로 고소당한 바 있다. 해당 일에 대해서 정준영은

"전 여자친구와 합의하에 장난 삼아 촬영했던 짧은 영상입니다. 촬영 후 바로 삭제했습니다."

라고 해명했다. 해명 인터뷰에서도 확인되는 바와 같이 많은 남성들이 장난 삼아, 사랑해서, 간직하고 싶어서 등의 이유로 연인의 동의를 구하지도 않고 몰래 촬영을 했다가 헤어지게 되면 이를 무기 삼아

"나랑 헤어지면 동영상을 유포하겠다."

"동영상을 너희 부모님과 직장에 보내겠다."

등의 협박을 한다. 우리는 누구나 사랑하다 헤어질 수 있다. 헤어지는 것이 힘들다고 해서 상대방에게 복수해야겠다는 마음을 먹는다면, 이미 범죄적 사고를 하고 있다고 봐야 할 것이다.

헤어지는 것을 받아들이지 못하고 상대방을 고통스럽게 하기 위해서 이런 행위를 하는 것은 일말의 이해를 바랄 수도, 단 1%의 타당함도 없다. 그저 100% 범죄 행위일 뿐이라는 사실이 사회의식으로도 용어로도 정립되어야 할 것이다.

다음은 인터넷에 올라온 '비동의 성적 영상 유포' 사례를 각색한 내용이다.

"제가 고등학교 1학년 때 성인 남성과 성적인 영상을 촬영하게 되었습니다. 재미있겠다 싶기도 했고 워낙 상대방이 강경하게 유도를 해서 저도 동참하여 촬영했어요. 헤어지고 나서 그 남성이 나중에 저를 조련하기 위해서라고 말을 하더라고요. 오라고 하면 오고, 벗으라면 벗어야 한다면서 영원히 이 영상을 가지고 있을 거라고 하면서 말이죠. 언제든지 그 영상으로 저에게 협박을 할 것 같고, 그 사람은 제가 동의한 거라 신고해봐야 소용없다고 말합니다. 어떻게 해야 할까요?"

이렇듯 사귀는 사이에서 자연스러운 분위기로 유도하여 영상을 촬영하고 이후에 협박 도구로 이용하는 경우가 종종 일어나며, 본인 스스로 촬영에 동의하고 동참했기에 신고할 사항이 못 된다는 생각에 협박에 못이겨 성노예로 전락하는 경우가 있다.

　이런 경우 영상을 가지고 협박하는 자체만으로도 신고가 가능하다. 혼자서 더 많은 성 착취에 시달리는 피해를 입기보다는 신고를 해 가해자가 타당한 처벌을 받도록 하는 것이 맞다. 2020년 5월부터 '미성년자 의제강간죄' 법조항이 공포됨과 동시에 시행되고 있다. 이에 따르면, 만 16세 미만 미성년자와의 성관계는 동의를 얻었다 하더라도 간음, 추행에 속하게 된다.

　이러한 형태의 디지털 성범죄 또한 청소년들을 쉽게 피해자와 가해자로 만든다는 점을 기억해야 한다. 사귀는 사이에 속옷을 입고 있는 사진을 찍고 유포하고 협박하는 것만으로도 가해자가 될 수 있다. 만약 피해를 당하는 입장이라면 절대로 혼자 해결하려고 해서는 안 된다. 이 과정에서 더 큰 피해를 입을 수도 있기 때문이다.

　리벤지 포르노라는 용어는 대중적으로 쓰이고 있는 용어인 '데이트 폭력'의 연장선이라고 할 수 있다. 그러나 이 역시 바뀌어야 할 용어 중 하나이다. '데이트 폭력'이라는 용어는 연인이라는 가깝고 친밀한 사이에서 우발적으로 일어난 일 혹은 '사랑하기 때문에'라는 애정을 바탕으로 감정이 폭발해서 일어난 일인 것처럼 사건의 심각성을 외부나 당사자가 축소할 수 있다. '데이트 폭력'이 아니라 그냥 '폭력'이고 '범죄'로 지칭되어야 한다.

디지털 성범죄를 예방하고 피해자를 보호하기 위해서는 사회 전체의 의식이 달라져야 한다. 청소년과 청소년 주변 어른들의 의식이 달라져야 청소년 시기와 청소년 시기를 지나 어른이 되어서도 이러한 성범죄의 피해자 혹은 가해자가 되지 않을 수 있다.

최근에 육군 장교가 연인 사이였던 민간인에게 '비동의 성적 영상'으로 협박을 한 사건이 있었다. 신체적 폭력과 함께 "가족과 친구들에게 영상을 다 뿌릴 거다"라는 협박이었다. 문제는 이 사건을 접수 받아 수사하던 군사경찰이 '사생활'이라며 아무런 조치도 취하지 않았다는 데 있다.[13)]

이처럼 헤어진 연인 사이에 일어난 일은 사적 영역이라는 사회 인식 때문에 지금도 여전히 고통에 시달리고 있는 피해자가 있다는 사실을 잊지 말아야 한다.

3
몸캠피싱을 이용한 협박

포털사이트 네이버 검색 창에 '몸캠피싱'이라고 검색하면 "청소년에게 노출하기 부적합한 검색결과를 제외하였습니다. 연령 확인 후 전체 결과를 보실 수 있습니다."라는 문구와 함께 제한적인 정보가 나타난다. '전체검색결과'를 보기 위해서는 연령 확인이 되는 아이디로 로그인을 해야 한다.

성인 아이디로 로그인을 하면 '몸캠피싱'과 관련된 질문이 '지식iN'에 생각보다 많이 올라와 있는 것을 볼 수 있다. 필자가 검색할 당시에는 1주 간 약 20여 건의 몸캠피싱 피해자들의 질문이 있었다. 질문들을 살펴보면 두 가지 특징을 확인할 수 있다.

하나, 몸캠피싱, 영통 사기를 당해서 협박을 받고 있는데 어떻게 해야 할까요?

둘, 제가 지금 당하고 있는 협박이 몸캠피싱인 줄 몰랐습니다.

이 두 가지 특징을 조합하면, 평소 몸캠피싱에 대해 모르고 있다가 협박을 받으면서 문제를 해결하고자 검색을 해 알아보는 중에 '몸캠피싱'이라는 용어와 자신이 당한 일이 바로 '몸캠피싱'이라는 걸 알게 되며, 협박을 받고 있는데 신고를 바로 하지 않고 어떻게 해야 할지 모르고 있음을 알 수 있다.

다음은 올라온 글 중 일부를 각색한 것이다.

- 요즘 외로워서 잠깐의 호기심으로 랜덤 챗으로 사소한 만남을 즐기려고 한 제 잘못입니다. 제가 당하고 있는 협박이 몸캠피싱인 것도 검색을 통해 알게 됐어요. 상대방이 보내준 동영상을 열었는데 그 순간 해킹된 것 같아요. 상대방이 제 폰에 입력된 전화번호를 다 알고 있더라고요. 일단 돈을 보냈는데 다른 해결책이 없을까요?

- 6개월 전에 몸캠피싱으로 협박을 받아서 아무리 찾아봐도 해결책이 없는 것 같아서 돈을 입금했거든요. 그렇게 해결이 됐줄 알았는데, 얼마 전에 다시 협박 전화가 왔습니다. 아직도 제 동영상이랑 지인들 전화번호까지 그대로 가지고 있는 것 같아요. 돈을 또

보내도 해결되지 않을 것 같은데 어떻게 해야 할까요?

• 지금 몸캠피싱으로 협박을 받고 있습니다. 부모님도 제가 당한 거 모르고 계시는데 문제는 회사에 알려질까 봐 너무 불안합니다. 제 회사 동료들 전화번호를 협박범이 다 알고 있습니다. 제 동영상 퍼지면 저는 완전히 매장됩니다. 해결 방법을 아신다면 진심으로 도움 부탁드립니다.

먼저, 몸캠피싱 협박을 당하면 시간도 촉박하고 어떻게 해결해야 할지 모르는 상황에서 불안과 공포에 휩싸이게 되고 침착하게 대처하기가 어렵다. 그러다 보니 바로 돈을 입금하게 되거나, 주변에 알리지도 못하고 혼자서 극단적인 생각으로 치닫게 된다. 오히려 이렇게 지식iN에 글을 올려서라도 도움을 요청하고 있는 것이 긍정적으로 보인다. 몸캠피싱을 당하면 누군가에게 알려질까 두려워 혼자 해결하려다가 더 문제를 키우거나 잘못된 결정을 하는 경우가 많다. 특히 청소년의 경우 협박범이 요구하는 돈을 입금할 수 없어서 노예 생활을 하거나 그들이 요구하는 걸 끝없이 들어주다가 공범 내지는 공모자가 되기도 한다.

피해자들은 자신이 당한 일이 이전에 들어본 적이 없는 범죄이며, 자신도 이 일에 어느 정도 책임이 있다는 생각 때문에 주변에 알려지는 것을 극도로 두려워한다. 또한 성적인 차원의 일이어서 극도의 수치심을 느끼며, 모르는 사람과 랜덤 채팅을 하다가 벌어진 일이라 스스로 일을 자초했다는 생각에 휩싸인다. 무방비 상태에서 일어난 일이라 더 대처하기 어렵다.

게다가 협박범들은 침착하게 대처할 수 있는 시간을 절대로 주지 않는다. 누누이 말하지만 협박범들은 교묘하고 전략적이고 협박에 있어서 전문가들이다. 그래서 돈을 당장 입금하지 않으면 지인들에게 동영상을 퍼트리겠다고 압박을 가한다. 협박범들은 피해자가 신중한 판단을 못하게끔 5분, 10분 정도의 시간을 주어 요구를 받아들일 수밖에 없도록 만든다.

자, 그렇다면 이런 협박에 시달리기까지 어떤 과정이 있었을까? 어떤 일이 있었기에 이렇듯 협박의 피해자가 되었을까?

몸캠피싱 범죄는 2012년경 국내에서 최초 발생한 것으로 알려져 있다.[14] 인터넷에서 몸캠, 몸또라고 불리기도 하는데, 몸또란 몸+로또의 합성어로 희귀하고 재미있는 구경을 했다는 뜻이다.[15]

몸캠피싱 용어는 사람의 신체를 가리키는 몸 + cam(영화나 영상 따위를 찍는 기계) + phishing(전자우편이나 메신저를 사용해서 믿을 만한 사람이나 기업이 보낸 것처럼 가장하여, 비밀번호나 신용카드

정보와 같이 기밀을 유지해야 하는 정보를 부정하게 얻으려는 수법)이 조합된 용어다.

보통 '보이스 피싱'을 낚시를 뜻하는 'fishing'으로 알고 있는 사람들이 많은데 전혀 다른 단어이다.

2020년 3월 29일자 경찰청의 발표에 따르면, 2016년 1,193건이 발생한 몸캠피싱 범죄는 2017년 1,234건, 2018년 1,406건, 2019년 1,824건으로 해마다 늘고 있다. 몸캠피싱으로 인한 피해액 규모도 2016년 8억 7000만 원, 2017년 18억 8000만 원, 2018년 30억 3000만 원, 2019년 55억 2000만 원으로 급증했다.[16]

몸캠피싱 발생건수와 피해액

자료 : 경찰청

그러나 이 통계는 적발된 기준이며 몸캠피싱 범죄 특성상 신고하지 않은 범죄는 더 많을 것으로 예상된다. 피해자들은 경찰에 신고하지 않고 사설업체를 통해서 돈을 주고 영상을 삭제하거나 지속적인 협박에 입금을 거듭하기도 한다. 미성년자일 경우 가해자에게 지인 연락처를 넘기거나 홍보글 등을 올리면서 노예 활동을 하기도 한다. 문제는 협박범들을 잡아내기가 어렵다는 데 있다. 이들이 중국 서버를 이용하거나 조직적으로 움직여서 더욱 검거가 어려우며, 디지털 성범죄에 대한 양형 기준이 아직 충분히 정립되지 못해 피해자가 겪은 고통에 비해 처벌 수위도 낮다.

몸캠피싱의 시작은 랜덤 채팅일 경우가 많다. 피해자들은 심심해서, 재미로, 호기심으로 그리고 외로워서 누군가와 잠시 얘기를 나누기 위해 랜덤 채팅 앱을 다운받아 무작위로 연결된 타인과 이야기를 시작한다. 랜덤 채팅 앱은 스스로가 누구인지 밝히지 않는 한 정체를 알 수 없다. 범죄자들은 바로 이 점을 노린다. 얼마든지 자신을 다른 사람으로 소개할 수 있고, 다른 사람인 척할 수 있다.

가해자들은 자신을 여성이고 열려 있는 사람이라고 소개하고 우리는 뭔가 통하는 것 같다면서 접근하기 시작한다.

워낙에 노하우가 많은 사람들이라, 상대방이 좋아할 만한 말로 적절하게 단계를 높여가면서 관계를 형성한다. 여성들 역시 몸캠피싱의 대상이 되기는 하지만 비율적으로 남성이 압도적으로 높게 타깃이 된다. 랜덤 채팅 앱에서 대화를 하던 두 사람은 상대방 여성(실은 협박범들)의 요청에 따라 영상통화로 자리를 옮긴다. 얼굴을 보고 싶다, 얼굴을 보여주겠다는 말에 더 믿을 만하다고 생각하고 자연스럽게 다른 채널로 이동하는데, 상대방이 먼저 아이디를 알려주고 적극적이어서 의심하지 않고 이를 수락하게 된다. 카카오톡, 라인 등 개인의 정보가 좀 더 노출되는 둘만의 대화 채널로 옮겨서 채팅을 하면서 영상통화로 이어지게 된다.

영상통화에 등장한 상대방 여성은 외모가 예쁜 편에 속하고 적극적이며 성적인 암시를 한다. 신체 일부를 과감하게 노출하면서 자신만큼 노출하라는 주문을 하기도 한다. 자신의 영상을 보내줄 테니 비슷한 영상을 보내달라는 요구를 하기도 하고, 영상통화를 하면서 같이 성적인 놀이를 하자고 하면서 자위를 하도록 유도한다. 영상통화를 시작할 때, 혹은 영상통화 중간에 소리가 잘 들리지 않는다고 하거나, 자신의 사진이라며 파일을 보내준다. 이 파일이 바로 해킹파일이다. 이 파일을 여는 순간, 나의 휴대폰에 있는 지인들 연락처와 사진들을 상대방이 곧바로 해킹하게 된다.

내 휴대폰에 있는 지인 연락처는 협박범들에게 큰 무기가 된다. 영상통화를 하면서 상대방이 유도했던 자위 등의 동영상이나 신체 일부가 드러난 영상과 사진을 지인 연락처를 통해 유포하겠다며 협박이 시작된다.

협박범들에게 가장 중요한 것은 지인 연락처 탈취이며 이걸 얻기 위해서 치밀한 전략으로 피해자가 자연스럽게 걸려들 때까지 정성을 다한다. 주소록 확보가 되지 않더라도 채팅 중 알아낸 학교 정보, 사는 곳 등을 빌미로 협박을 한다. 청소년의 경우, 사는 곳을 다 알고 있으니 찾아가겠다거나 부모님에게 알리겠다는 협박, 가족을 살해하겠다는 협박을 받기도 한다.

디지털 성범죄 경로와 대처하는 방법 등은 이 책의 3장과 4장에서 더 상세하게 확인할 수 있다. 다음은 몸캠피싱 순서를 정리한 그림이다.

몸캠피싱 순서도

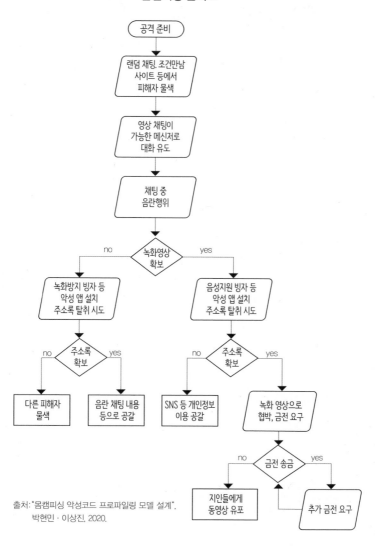

공격 준비

↓

랜덤 채팅. 조건만남 사이트 등에서 피해자 물색

↓

영상 채팅이 가능한 메신저로 대화 유도

↓

채팅 중 음란행위

↓

녹화영상 확보 — no / yes

no →
녹화방지 빙자 등 악성 앱 설치 주소록 탈취 시도

↓

주소록 확보 — no / yes

no → 다른 피해자 물색

yes → 음란 채팅 내용 등으로 공갈

yes →
음성지원 빙자 등 악성 앱 설치 주소록 탈취 시도

↓

주소록 확보 — no / yes

no → SNS 등 개인정보 이용 공갈

yes → 녹화 영상으로 협박, 금전 요구

↓

금전 송금 — no / yes

no → 지인들에게 동영상 유포

yes → 추가 금전 요구

출처: "몸캠피싱 악성코드 프로파일링 모델 설계", 박현민·이상진, 2020.

4

딥페이크 기술을 이용한
지인능욕과 학교폭력

"디지털 성범죄 피해자인 우리 아이의 잃어버린 웃음을 찾아주세요."

2019년 청와대 국민청원 게시판에 올라온 글이다. 청원인의 딸은 고등학교 2학년 때부터 대학교 3학년이 된 현재까지 5년간 '지인능욕'으로 불리는 딥페이크 성범죄* 피해를 입었다고 한다.

딥페이크 성범죄 가해자는 고등학교 2학년인 딸의 얼굴을 선정적인 사진과 합성하고 성매매를 원한다는 글을 작성해

---

* 일반적으로 '딥페이크(deepfake) 포르노'라고 지칭하는데, '포르노'라는 용어는 피해자를 음란물의 대상으로 취급함으로써 명백한 피해자임에도 포르노 대상으로 인식하게 하는 측면이 있다. 그래서 이 책에서는 '딥페이크 성범죄'로 통칭한다.

서 딸의 진짜 계정을 공개하고, 딸의 이름으로 된 허위 SNS 계정을 만들어 딸의 주변 사람들(친구들, 학교 선후배, 교수 등)에게 합성된 사진을 보냈다. 그러면서 동시에 딸에게는 가족과 지인에게 합성한 사진들을 모두 보내겠다며 협박까지 하면서 공포에 떨게 했다.[17]

피해자는 오랜 세월 딥페이크 성범죄에 시달리며 대인기피증과 여러 질병에 시달렸으며 결국은 "죽어버리고 싶다"고 말하기도 했다. 선정적으로 합성된 사진을 받은 주변 사람들은 피해자인 딸을 걱정해주기도 했지만, 실제로 음란하니까 그런 일을 당하는 것 아니냐며 피해자가 원인을 제공한 것 아니냐는 시선을 보내기도 했다.

딥페이크 범죄는 이처럼 피해자의 삶을 피폐하게 하고 오랜 시간 심적인 충격을 주며, 주변 사람들과의 인간관계마저 망쳐버린다. 가해자는 점점 합성 수위를 높여가면서 쾌감과 즐거움을 느끼는 데 반해 이를 처벌하는 수위는 매우 낮은 실정이다. 피해자는 정신적인 고통과 더불어 주변 사람들의 오해에 끊임없이 해명을 반복하며 평생 지우지 못할 트라우마를 겪는데, 처벌은 명예훼손 정도에 그친다.

관련 논문에 따르면 "영상합성이란 움직이는 영상이나 고정된 영상 이미지에 다양한 시각적 효과를 적용하거나 2개

이상의 이미지를 합성 편집하는 과정이다. 영상의 합성은 실제 촬영이 불가능한 미지의 세계나 가상의 공간, 또는 가상의 생물을 시각화하는 효과적인 방법으로, 일찍이 영화의 초창기 시대부터 사용되어 왔다고 한다."[18]

인공지능(AI) 기술이 발전하면서, 영상합성 기술로 특정 인물의 얼굴을 오려 넣기만 해도 손쉽게 합성을 만들어낼 수 있게 되었다. 최근에는 음란물에 영상을 합성한 편집영상물이 제작, 유포되면서 세계적인 문제로 대두되고 있다. 특히 여성 연예인의 얼굴을 음란물에 합성하여 마치 해당 연예인이 실제로 성적 행위를 하는 것처럼 보이게 하여 이미지에 타격을 준다. 그 결과 당사자는 불쾌감*과 상처를 입은 상태에서 자신이 아니라고 해명을 해야 하는 입장에 놓이게 된다.

더 큰 문제는 딥페이크 성범죄의 피해자들은 합성 영상물이 유포된 뒤에 누군가 알려주거나 소문이 많이 난 다음에 알게 되므로 자신이 피해자가 되어있다는 사실을 늦게 감지한다는 것이다.

2019년 세상을 큰 충격에 몰아넣었던 'N번방 사건'으로

---

* 성적 피해에 있어서 피해자가 느끼는 감정을 '성적 수치심' 혹은 '수치심'으로 표현하는 것에 반대하고자 이 책에서는 '수치심'이라는 용어 대신 '불쾌감', '분노'로 표현하고자 한다. 수치심은 피해자가 느껴야 하는 것이 아니라, 가해자가 느껴야 하는 감정이다.

불리는 텔레그램 성 착취방 사건에서 '지인능욕'방이 바로 딥페이크 성범죄이다. 지인능욕방은 그 방에 상주하는 일명 기술자에게 5천 원 정도의 금액을 지불하고 지인 얼굴과 음란물 합성을 의뢰하여 공유하는 방식, 또는 자신이 직접 합성한 사진을 올리고 이용자들이 댓글로 능욕을 하는 형태로 범죄가 이루어진다. 자신의 여자친구, 지인 여성, 직장 동료를 비롯해 여교사방, 여군방, 여간호사방, 여중생방 등으로 대상이 다양하며, 심지어 유아까지 대상이 되었다.

N번방을 추적해서 세상에 알린 '추적단 불꽃'의 책 《우리가 우리를 우리라고 부를 때》에서, 피해자와 함께 끝까지 추적해서 알아낸 바로는 지인능욕 여교사방에 사진을 유포한 범인은 바로 피해자의 중고등학교 동창이었다. 피해자는 비공개 SNS에 팔로워 수가 극히 적은 사람이었는데 일상 사진을 올릴 때마다 해당 사진이 합성되어 음란물로 둔갑했다. 남성 수천 명이 온갖 희롱과 음란한 말을 쏟아내고 있었다는 사실은 피해자뿐만 아니라 해당 사건에 대해 들은 수많은 여성들에게 주변 사람들을 과연 믿을 수 있을까 하는 집단 트라우마를 안겨줬다.

딥페이크 성범죄는 10대와 20대에서 많이 일어난다. 경찰청 자료에 따르면 딥페이크 성범죄 피의자(범죄 혐의는 있으나 아직 기소되지 않은 사람)의 70% 이상이 10대, 20대이며 그중에서도 10대 청소년 가해자 비율이 압도적으로 높다. 이 또한 적발된 건수 대비 비율이라 드러나지 않은 범죄는 더 많을 것으로 예측된다.

10대 청소년의 딥페이크 성범죄는 지인능욕, 용돈을 벌기 위함, 학교폭력의 형태로 나타난다.

2021년 2월에 검거된 10대 2명은 K-POP 가수 150여 명의 얼굴을 합성한 딥페이크 사진과 일반 성 착취 영상물을 트위터 등을 이용하여 판매했는데 '용돈을 벌려고 시작했다'고 진술한 것으로 알려졌다.[19]

또한 청소년들의 딥페이크 성범죄는 학교폭력의 사례로 등장하기도 한다. 실제 청소년들에게 이런 사례가 있는지 인터뷰를 진행했는데 한 학교에서는 반 친구의 사진을 음란물과 합성하여 SNS에 지속적으로 올리고 친구들이 돌아가며 댓글을 달면서 불쾌감을 주는 온라인 학대를 했다고 하면서, 이런 일은 청소년들 사이에서 많이 일어나는 일이라고 말했다. 오픈채팅방을 개설하여 피해 당사자가 들어오기를 기다린다거나, 피해자 합성 사진을 친구들이 개인 프로필 사진으로 설정하는 등 다양한 형태로 가해가 이루어진다. 심지어는 프린트한 합성 사진을 교실 벽에 게시하는 사례도 있었다고 한다.

문제는 청소년들 사이에서 일어나는 이런 딥페이크 성범죄가 장난과 재미, 놀림이라는 가벼운 수준으로 치부되면서 피해자가 받는 고통에 대한 감수성이 매우 떨어진다는 데 있다. 수위가 높지 않더라도 성적 불쾌감을 주는 범죄 행위이며, 인간 존엄을 침해하는 엄연한 범죄임을 알아야 한다.

코로나19 사태가 길어지면서 원격수업이 병행되었을 때에도, 선생님들은 원격수업을 할 때 무단으로 촬영한 영상이나 교사의 얼굴이 위조나 변형을 거쳐 성적 불쾌감을 주는 딥페이크 성범죄에 쓰일 수 있다는 두려움을 느꼈다고 한다. 이 때문에 교육부는 원격수업을 할 때 지켜야 할 10가지 수칙을 제시하면서 원격수업 도중 선생님과 친구들 사진을 무단 촬영할 수 없고 배포할 수 없다는 항목을 만들었다.[20]

딥페이크 성범죄의 문제점은 이미 보편화되어 있는 딥러닝 기법으로 누구나 손쉽게 제작이 가능하다는 점이다. 특히 상대적으로 디지털 환경에 더 익숙한 10대, 20대들의 진입장벽이 낮아 범죄 가능성을 높인다. 스마트폰에서 딥페이크 앱을 쉽게 다운받을 수 있으며 얼굴만 입력하면 자동으로 딥페이크가 완성되는 것이다.

문제는 또 있다. 업로드된 딥페이크 음란물 영상을 완벽하게 필터링할 수 없으며, 익명성 그리고 복제와 유포의 용이성으로 불법영상물이 급속도로 확산되지만 완전하게 삭제되지 않는다는 것이다. 그래서 피해자가 겪어야 하는 피해가 그치지 않는다는 점이 큰 문제라고 할 수 있다.[21]

현재 딥페이크 성범죄는 성폭력 처벌법에 의해 허위 영상물을 편집, 합성, 가공할 경우 5년 이하, 5천만 원 이하 형에, 판매할 경우 7년 이하 징역형에 처할 수 있으며 단순 소지만으로도 처벌될 수 있다는 것을 기억하자.[22]

무엇보다 가장 큰 문제는, 딥페이크 성범죄에 대한 사회적 인식이 매우 낮다는 것이다. 2020년 3월 17일 '딥페이크' 영상의 제작·유통 행위를 처벌하는 성폭력 범죄의 처벌 등에 관한 특례법 개정안이 공포되었다. 그 이전인 3월 3일 국회 법제사법위원회 제1소위원회에서 'n번방 방지법안'과 '딥페이크 음란물'을 처벌하는 법안이 논의되는 자리에서 국회의원과 사법부, 법무부 관계자들 사이에 오간 대화는 그야말로 어처구니없는 수준이다. 음란물 제작에 대해 문제의식을 전혀 느끼지 못하고 있으며 디지털 성범죄 피해자에 대한 감수성이 제로라고 할 수 있다. 이들은 오히려 가해자들을 두둔하는 발언을 했는데, 대화 내용은 다음과 같다.

"자기만족을 위해 이런 영상을 가지고 나 혼자 즐기는 것까지 갈(처벌할) 것이냐."

"자기는 예술 작품이라고 생각하고 만들 수 있다."

"청소년이나 자라나는 사람들은 자기 컴퓨터에서 그런 짓 자주 한다."

"일기장에 혼자 그림을 그린다고 생각하는 것까지 처벌할 수는 없지 않나."

자신도 전혀 모르는 사이에 디지털 성범죄 피해자가 될 수 있다는 점과, 불법영상물이 온라인상에서 유포되어 오랜 시간 고통을 받을 피해자의 입장은 전혀 고려되지 않는 발언이다. 딥페이크 제작은 개인이 소지하기 위해 만들었다 하더라도 피해자의 의사에 반해 제작된 영상이라면 범죄라는 인식이 필요하다. 또한 해킹이나 단 한 명과의 공유만으로도 더 큰 피해로 이어질 수 있는 범죄라는 사실을 잊지 말아야 한다.

특히 딥페이크 성범죄에서 보이는 것처럼, 피해자의 신체에 직접적인 가해를 한 것이 아니므로 가벼운 일이라는 사회적 인식이 피해자들을 더욱더 큰 고통 속으로 몰아넣는 동시에 오히려 가해자를 양산하는 형국이다. 디지털 성범죄도 실제로 일어나는 성범죄와 똑같이 피해자를 평생 고통스럽게 하는 심각한 범죄라는 것을 인지하는 게 중요하다.

3장

디지털 성범죄 경로와
온라인 그루밍 착취

1
랜덤 채팅을 이용한 접근

디지털 성범죄의 경로는 우리가 예상하는 것보다 훨씬 다양하고 조직적이라는 사실을 간과해선 안 된다. 단순히 개인이 성적 욕구를 풀어내기 위한 일 대 일 접근이 아니다. 가해자들은 숱한 범죄 경험과 치밀한 전략을 갖춘 범죄 조직이며, 이들의 활동은 산업화되어 있다.

디지털 성범죄는 작은 규모의 개인적 범죄부터 거대한 산업 조직까지 범위가 매우 크고 다양하다. 이 부분에서도 꼭 강조하고 싶은 것은, 범죄 규모가 작다고 해서 피해자의 고통이 결코 적다고 할 수 없다는 점이다. 불법촬영의 대상이 된 경험이 있는 피해자들은 외출할 때 모든 것이 공포로 다가온다고 고백한다. 일상생활에 아주 긴 세월, 어쩌면 평생 영향을 준다.

디지털 성범죄 경로의 가장 기본이 되는 기기는 스마트폰이라고 할 수 있는데, 그 기반이 되는 기능은 다음과 같다.

첫째는 스마트폰의 카메라 기능이다. 언제든 터치 한 번으로 카메라 기능이 켜지는 스마트폰은 어느 장소에서도 사진과 동영상 촬영이 가능하다. 게다가 스마트폰을 보는 척하거나 셀카를 찍는 척하면서 혹은 상대방이 보지 못하는 각도로 촬영이 가능하며, 최근 기술 발전으로 스마트폰 카메라 화소까지 매우 높은 수준에 이르렀다.

둘째는 네트워크 기능이다. 인터넷에 접속되는 순간 시공간을 초월한 그 어떤 것과도 연결될 수 있고, 다양한 앱과 채팅 기능, 여러 통로의 SNS 등 특정 소수는 물론 불특정 다수와 언제라도 연결될 수 있다. 그래서 중국에서, 해외에서 한국 청소년을 대상으로 협박 등을 할 수 있는 것이다.

셋째는 개인정보 기능이다. 스마트폰에는 소유자의 개인정보는 물론이고, 지인을 비롯해 아는 사람들의 연락처와 소장하고 있는 사진과 영상, 금융정보까지 들어있어 단순한 해킹으로도 많은 정보를 확보할 수 있다. 해킹 기술 역시 발달하여 파일 하나를 다운받았을 뿐인데 나의 정보가 순식간에 타인에게 넘어갈 수 있다.

스마트폰의 기능을 무한대로 확장하는 것이 바로 앱이다.

스마트폰은 개인이 사용하는 앱에 따라서 사용 환경이 완전히 달라진다. SNS 앱을 다양하게 사용하는 사람이 있는가 하면 SNS 앱을 전혀 사용하지 않는 사람도 있다. 몇 가지 기본 스마트폰 기능(전화, 문자, 카메라 등)을 제외하면 개인 선택에 따라 스마트폰은 지극히 개인화되어 있다고 볼 수 있다.

스마트폰은 특히 타인과 연결되는 통로로서의 역할이 중요하다. 특정 다수, 즉 지인과 연결되는 문자와 카카오톡, 라인 등의 앱과 특정 다수와 불특정 다수를 포괄하는 SNS 앱, 불특정 다수와 연결되는 랜덤 채팅이 그것이다.

그중에서도 랜덤 채팅은 '무작위의 사람들과 가벼운 이야기를 나누며 무료함을 달래는' 역할에서 디지털 성범죄의 온상이 되어가고 있는데, 이 때문에 랜덤 채팅에 대한 법적 규제가 필요하다는 목소리가 나오고 있다.

다음은 한국중독범죄학회보에 발표한 김선희, 김미숙의 논문에 실린 내용이다.

랜덤 채팅으로 인한 부작용을 해결하기 위해서는 이에 대한 논의가 꾸준히 이루어져야 할 것이다. 사회적 문제를 일으키고 있는 랜덤 채팅에 대한 개념을 선행연구와 기존의 논의들을 통해 "자신의 정보를 노출하지 않고 불특정 다수인과 이성교제와 비밀스러운 행위를 목적으로 사이버 공간에서 이루어지는 대화와 조건만남을 주선해주는 시스템"이라고 정의하고자 한다.

랜덤 채팅 앱의 종류는 매우 다양하며 게이밍에 특화된 채팅 앱도 있다. 랜덤 채팅 앱의 다운로드 수는 100만 이상, 50만 이상, 10만 이상 등 매우 높은 편이며, 나이 제한도 느슨해 만 12세 이상이면 누구나 사용할 수 있다.

아울러 랜덤 채팅은 청소년들 사이에서 중독에 가까운 심각한 현상을 불러일으키고 있다. 랜덤 채팅 중독에 대한 인식이 아직 높지는 않지만 채팅 세대라고 할 수 있는 현시대 청년, 청소년 세대라면 꼭 들여다봐야 할 사안이다.

랜덤 채팅 중독이란 "스마트폰의 주된 이용이 메신저 즉, 랜덤 채팅 애플리케이션을 통한 채팅에 집착하여, 자신이 지나치게 채팅에 빠져 있는 것을 인지하지 못하고, 지속적으로 낯선 사람과의 채팅에 집착하여 스스로 빠져나오는 데 어려움이 있으며, 조건만남, 성매매 등 불법적인 행위임에도 불구하고 상황 판단력이 흐려지고 자신을 통제하지 못하는 상태"라고 정의하고자 한다.

앞서 이야기한 논문에서 우려하는 것과 같이 타인과 연결되는 통로에 있어서 지인들과는 지속적인 대화가 어려운 데 반해, 랜덤 채팅은 끊임없이 새로운 사람과 이야기를 나눌 수 있다. 특히 수동적 일상을 살아가는 청소년의 경우 작은 위안 삼아 혹은 호기심으로 시작한 채팅이 주는 재미에 빠질 위험이 높다. 문제는 랜덤 채팅이 기본적으로 구성하고 있는 문화가 긍정적인 영향을 주지 않는 데 있다. 단순한 호기심과 재미를 넘어서는 것이다. 익명을 바탕으로 어떤 말이든 할 수 있으며, 특히 성적인 대화와 용돈을 제안하며 만남을 유도하는 환경에서 그러한 것들이 왜곡된 성의식으로 이어지고 있음에 주목해야 한다.

최근 이런 스마트폰 랜덤 채팅 애플리케이션을 이용해 누드 사진 혹은 여성의 상반신이 노출된 사진을 비롯하여 자위행위 및 성관계를 적나라하게 보여주는 영상뿐만 아니라 실제 자신의 얼굴을 제외한 신체 부위를 찍어 상대방과 주고받는 행위를 가리키는 '섹스팅(sexting)'이라는 신조어가 만들어지기도 하였다. 랜덤 채팅을 통해 이루어지는 섹스팅(sexting)인 경우 익명성으로 사이버공간에서 벌어지는 일이라 노출 수위와 가학성이 높아지고 불특정 다수를 대상으로 하기에 원치 않는 사람까지도 음란물에 노출되기 싫다는 점에서 특히 청소년들의 성의식에 부정적인 영향을 미칠 수 있다.[23]

다음 표를 보면 청소년들이 디지털 성범죄와 성 착취, 성 노예가 되는 경로라 할 수 있는 조건만남 주요 경로를 알 수 있다. 조건만남이란 일 대 일의 성매매 제안을 통한 몸과 돈의 교환이라 할 수 있다. 조건만남을 경험한 청소년 10명 중 8명(87.2%)이 채팅 애플리케이션을 통해 만난 것으로 드러났다. 다음은 청소년들이 가장 많이 이용한 성매매 경로에 대해 복수응답을 한 결과다.

문제는 조건만남이 단순히 용돈을 벌고 끝나는 형태가 아

조건만남 주요 경로

조건만남 주요 경로	순위(%)
랜덤 채팅 앱	75.6
채팅 앱	65.4
지인 소개	19.2
채팅 사이트	9
모르는 사람 제안	2.6

출처 : 2019년 성매매 실태조사, 여성가족부

니라 청소년들의 피해로 이어지는 경우가 많다는 것이다. 성매매 자체가 불법이며, 특히 미성년자 성매매는 중죄에 해당한다. 청소년들에게 조건만남을 제안하는 성인이나 청소년 당사자들도 이 사실을 알고 있기 때문에 이것이 협박 요소가 되어 또 다른 범죄로 이어지고 있는 실정이다.

다음 표를 보면, 조건만남을 통해 성매매를 한 청소년 중 61.5%가 피해 경험이 있는 것으로 나타났으며, 피해 경험은 '대가로 약속한 돈보다 적게 주는 경우'가 68.8%로 가장 높았다. 피해를 당해도 신고를 하지 못하는 이유로는 다른 사람이 알게 될까 봐 무섭고 꺼려진다는 응답이 35.5%로 높았으며, 처벌을 받을까 봐 두렵다는 것과 도움 요청할 사람이 없다는 비율이 각각 20% 정도가 되었다.

조건만남 피해 경험과 도움을 요청하지 않은 이유

조건만남 피해 경험	순위(%)	도움을 요청하지 않은 이유	순위(%)
약속한 돈보다 적게 줌	68.8	사람들이 알게 되는 것이 꺼려져서	35.5
욕설/위협	56.3	도움 요청할 사람이 없어서	22.6
콘돔 사용 거부	52.1	내가 처벌받을까 봐	19.4
원하지 않는 강요	43.8		

출처 : 2019년 성매매 실태조사, 여성가족부

포털사이트 지식iN과 카페 등에서는 랜덤 채팅만으로도 협박을 받는 사례를 비롯해 여러 문제가 벌어지는 것을 볼 수 있다. 다음은 랜덤 채팅으로 일어난 협박 내용이다.

Q. 랜덤 채팅도 신고할 수 있나요?

제가 랜덤 채팅을 하다가 그 사람이 ○○으로 하자고 해서 하다가 사진이랑 학교 이름이랑 제 나이를 알려줬어요. 그런데 그 사람이 갑자기 그걸로 소문 다 내서 제 이미지를 걸레로 만들어버리겠다고 합니다. 그러면서 제 가슴이랑 ○○ 사진을 찍어서 보여달라고 하더라고요. 이거 신고 못 하나요? 협박한 거 스샷도 있거든요. 랜덤 채팅 앱이랑 다 삭제했습니다. 신고 못 하겠죠? 그러나 소문나면 저 어떡하죠? 제가 아니라고 하면 되지 않을까요?

Q. 제가 랜덤 채팅을 하는 중에 어떤 사람이 협박을 해요.

제가 어떤 사람이랑 랜덤 채팅을 했는데, 자기가 아는 사람한테 부탁해서 제 집 위치를 찾아내서 온다는데 진짜 위치를 찾을 수 있나요?
[추가 질문]
1. 그 사람이 경찰도 손써놨다고 하는데 어떡하죠?
2. 진짜 오면 어떻게 하죠? 자기가 학교도 안 나오고 자기네 아빠가 의사라고 제 피를 뽑아버리겠다고 해요.

Q. 제가 랜덤 채팅 앱에서 어떤 방 제목이 "야한 거 좋아하나요?"여서 제 몸 사진을 찍어서 보냈어요. 그랬더니 그 방에 있던 사람이 "라인으로 얘기할래?" 이렇게 와서 저도 같이 라인으로 들어가서 그 사람한테 말을 걸었더니 갑자기 신고하겠다고 답변이 왔어요.

약간 흐릿하게 보이는 경찰서 사진을 보내면서 처음에는 합의 안 하고 신고하겠다고 하더니 좀 있다가 합의금 70만 원에 해줄 테니 계좌번호를 알려주면 입금하라고 합니다. 너무나 떨리고 무서워서 랜덤 채팅 앱이랑 라인까지 탈퇴해버렸어요. 어떻게 해야 할지 몰라서 떨고 있습니다. 어떻게 해야 하죠?

랜덤 채팅은 내가 누구인지 밝히지 않는다는 특성과 동시에 상대방이 누구인지 모른다는 맹점이 있다. 상대방이 누구인지 모른다는 것은 상대방의 범위가 무한하다는 말이다. 성범죄자일 수도 있고, 청소년을 협박할 목적을 가지고 접근하는 사람일 수도 있고, 오로지 조건만남 성매매를 목적으로 하는 사람일 수도 있고, 조건만남을 제안하면서 돈을 주지 않을 다양한 방법을 구상하고 있는 사람일 수도 있다. 범죄를 작정한 사람에게 청소년 한 명은 손쉬운 범죄 대상이 된다.

다음 내용은 뉴스 기사로 보도된 랜덤 채팅 조건만남, 성매매를 통한 피해 사례.

조건만남/랜덤 채팅을 통한 성매매 피해 사례 기사

사례 1	10대 후반의 여고생은 집안 사정으로 집을 나왔으나 게임방비도 없고 밥값도 없는 와중에 인터넷을 통해 알게 된 조건만남이라는 데에 호기심이 생겨 시도를 했는데, 전화 통화할 때까지 마냥 착할 것 같던 그 사람이 관계 후에는 돈이 지금 없으니 나중에 주겠다며 협박과 폭언을 가함. 조건만남에 호기심을 가지게 된 것이 후회된다고 하였다. – 〈성매매 실태 보고서〉 인터뷰 사례
사례 2	2014년 11월 가출한 한모 양(14)은 지인의 소개로 박모 씨(27)를 알게 됐다. 박씨는 스마트폰 랜덤 채팅 애플리케이션 '즐톡'에 '빠르게 뵐 분'이라는 채팅방을 만든 뒤 한 양에게 성 매수 남성들을 유인하도록 했다. 한 양은 채팅방을 통해 연락해온 김모 씨(37)와 지난 3월 관악구 한 모텔에 투숙했고 6시간 뒤 숨진 채 발견됐다. – 2015. 5. 10일자 서울신문 기사
사례 3	지난 4월 28일부터 5월 13일까지 채팅 앱을 통해 불특정 성 매수 남성들을 모집해 13만~16만 원의 돈을 받고 10대 B양과 성관계를 갖게 한 혐의다. 경찰에 따르면 A군은 친구의 후배인 B양에게 성매매 대금의 절반을 주기로 하고 성매매를 시킨 뒤 단 한 번도 돈을 주지 않은 것으로 알려졌다. 경찰 조사 결과 A군은 가로챈 돈을 숙박비, 렌터비, 유흥비 등으로 사용한 것으로 알려졌다. – 2015. 7. 20일자 민주신문 기사
사례 4	지난해 9월 성매매 알선 업주 김모 씨(30)가 스마트폰 랜덤 채팅 앱에 '한 달에 500만 원 벌 수 있게 해줄게.'라는 글을 올리자 몇 분도 안 돼서 답신이 왔다. 돈이 궁했던 미성년자 이모 군(16)과 김모 양(15)이었다. 처음에는 성매매 관련 일일 줄 몰랐던 이들은 김 씨의 꼬드김에 넘어가 주위 청소년들을 끌어모아 성매매를 주선하는 '중간포주'로 일했다. 김 씨는 이 군의 지인인 중학생 A양(14) 등 가출 청소년 3명을 데리고 광주, 목포 일대를 돌며 100회가량 성매매를 알선했다. 성 매수 남성들은 모두 랜덤 채팅 앱을 통해 모집했다. – 2016. 10. 10일자 동아일보 기사

사례 5	교회 전도사인 A씨는 2016. 2월 채팅 앱을 통해 당시 17살이었던 B양을 만났다. A씨와 B양은 '10만 원'을 조건으로 성관계를 하기로 했다. 그러나 성관계를 가진 후 A씨의 태도가 돌변해 돈을 주지 않고 배 째라 식으로 나왔다. — 2017. 5. 12일자 시사저널 기사
사례 6	A씨(28)는 지난해 3월 26일 오후 9시께 스마트폰 채팅 앱을 통해 알게 된 여고생 B양(17)에게 '조건만남'을 제안하고 B양과 만났다. A씨는 B양이 순순히 자신의 차량에 오르자 본색을 드러냈다. 그는 "차량 블랙박스에 대화 내용이 녹취됐다"며 B양을 협박한 뒤 성폭행했다. —2017. 5. 31일자 충청일보 기사

우리가 거듭 기억해야 할 것은 이런 사례가 결코 특수한 것이 아니라는 사실이다. 피해자들이 조심하지 않아서 일어난 일이 아니라, 범죄자들이 치밀하게 계획한 범죄이기에 속수무책으로 당할 수밖에 없었다는 것을 기억해야 한다. 잠시의 재미로 이야기를 나누고 있는 사람이 이런 범죄자가 아니라고 어떻게 확신할 수 있겠는가? 범죄자들에게 있어 정체를 인증하지 않아도 되는 랜덤 채팅은 끊임없이 먹잇감을 만날 수 있는 공간이며, 희생자들이 스스로 걸어 들어오는 공간이다.

랜덤 채팅에 대한 법적 규제가 시급하며, 청소년들도 이런 위험성을 알고 자신의 정보를 노출하지 말아야 한다. 친구들끼리 랜덤 채팅의 위험을 공유하고 누구나 범죄 대상이 될 수 있다는 심각성을 인지해야 디지털 성범죄를 예방할 수 있다.

2
조건만남과 데이트 알바

'조건만남', '데이트 알바', 이런 단어가 어떻게 들리는가? 이는 청소년뿐만 아니라 많은 사람에게 짧은 시간에 고액을 벌 수도 있는 방법인 양 인터넷상에서 홍보되고 있는 단어들이다. 랜덤 채팅, SNS, 스팸 메일을 통해서 유입되는 아르바이트라고 할 수 있는데, '만남'과 '데이트'라는 용어 너머에 성매매가 암시되어 있다. 조건만남과 데이트 알바는 일대 일로 개인 간 거래가 이뤄지기도 하고, 조직적으로 운영되기도 한다. 성매매 자체가 불법이기 때문에 심의에 걸리지 않는 경로를 타고 활성화되며, 보이지 않는 곳에서 활성화된 산업이라고 할 수 있다.

조건만남과 데이트 알바는 단순히 성매매 거래를 넘어서

성 착취의 온상이 된다는 데 큰 문제가 있다. 조건만남을 제안받고 용돈을 벌 목적으로 나갔다가 그것이 빌미가 되어 오랜 세월 성노예, 성 착취 피해자가 되는 경우가 많다. 성매매 자체가 불법인 데다, 거래가 오가는 플랫폼 내에서 어떤 사람인지 정체를 인증할 수 없기 때문에 어떤 사람을 만날지 모른다. 자칫 조직적이고 전략적으로 성 착취 대상을 노리는 이들에게 걸린다면 한순간의 행동이 평생 씻을 수 없는 상처와 고통을 남기게 된다.

만약 한 청소년이 이런 과정을 통해 성 착취 대상이 되었다고 한다면 어떤 생각이 먼저 드는가? 도대체 왜 그런 자리에 나가서 피해를 당하는지 답답한가? 혹은 그 아이가 선택을 한 것이니 성 착취 당하는 것 역시 당연하다고 생각하는가? 아니면 단순한 알바인 것처럼 낚아서 끊임없이 성 착취를 하는 범죄자들이 무조건 잘못했다고 생각하는가?

N번방 피해자들 중 아동청소년 피해자가 많다는 것에 특히 온 국민이 분노했는데 이런 과정을 통해서 노예화되어 성 착취를 당했다고 볼 수 있다. 만약 이것을 그 상황에 걸려든 아동청소년의 잘못이라고만 본다면, 이런 범죄는 영원히 해결될 수 없으며 끊임없이 양산될 것이다. 가해자들이 노리는 점이 바로 그것이니까 말이다.

2020년 3월 28일에 뉴스에 보도된 기사 내용을 살펴보면, 청소년들은 성 착취 대상이 되어도 신고할 생각을 못 하는 경우가 대부분이라고 한다. 중학생 B양은 가해자들에게 협박을 받아 성매매를 강요당했고 성매매 혐의, 즉 불법인 성매매를 했기 때문에 범죄 혐의로 조사를 받아야 했다. 가해자들의 협박에 의해 성매매가 이루어졌으니 성폭력 피해자임에도 범죄자로 낙인 찍혀 조사를 받는 실정이다. 한 아이가 왜 이런 상황에 놓이게 되었는지 경로와 원인은 파악하지 않은 채, 비윤리적이라는 사회적 낙인으로 성매매를 한 행위만 놓고 조사를 하는 것이다.

이런 현실에서 가해자들에게 협박과 강요를 받는다 하더라도 어떤 청소년이 신고를 할 수 있을까? 게다가 피해 청소년들은 자신의 SNS에 있는 개인정보로 협박과 감금, 폭행과 성폭행을 당한다. 그런 과정들이 촬영되어 협박 도구로 쓰이는 것은 물론이고 돈벌이를 위해 온라인에 유포까지 된다. 이런 상황에 놓인 청소년들은 그 누구에게도 도움을 요청하지 못하고 오랜 세월 끊임없는 성 착취, 성노예 생활을 한다.

십대여성인권센터 조진경 대표의 이야기에 따르면, (가해자가 아이를) 데려가서 휴대전화의 유심을 버린다. 자취를 찾을 수 없게끔 만들고 자기 집에 고립시키고 성매매 알선 강요를 하는 것이다. 경찰은 이를 단순 가출로 처리하고 이렇게 말한다. "아, 무슨 조건만남 하면서 지낼 거예요. 요즘 애들 다 그래요."[24]

그나마 나아진 것은 현재는 법이 바뀌어 만 16세 이상인 경우 의제강간이 적용돼 합의하에 관계를 맺어도 처벌 대상이 된다는 점이다. 기존에는 성매매 한 청소년을 보호처분(교정과 교화의 대상)의 시선으로 바라봤다면 법 개정을 통해 이제는 무조건 '피해자'로 보호한다. 그러나 문제는 법 자체보다 법이 실행되는 단계에서 적용하는 사람들의 시선과 의식이 변해야 한다는 것이다. 청소년 당사자들의 경우 자신이 잘못한 것 같은 죄의식이 있어서 신고를 하지 않거나 망설이다가 2차, 3차 피해를 입는다.

아동청소년이 폭행과 감금, 협박을 당한 경우 당사자가 그 사실을 입증해야 했던 때가 있었다. 현재는 빠르게 구출해서 여러 형태로 보호 지원을 하지만 가해자들에게 보복을 당할까 두려워 신고를 하지 못하는 경우도 허다하다. 가해자들은 피해자를 성 착취 하는 동안 온갖 정보를 확보하고 보복할 거라는 협박을 끊임없이 한다. 그렇다 보니 피해자들은 자신과 자신의 가족을 보호하기 위해서 신고를 하지 않는다.

이러한 연유로 청소년 피해자에 대한 사회적 인식 전환이 반드시 필요하다. 피해자에게 도덕적 성윤리를 강요할 것이 아니라, 자신이 피해를 입으면 언제든 도움을 받을 수 있다는 믿음을 줘야 한다.

다음 기사를 살펴보자.

여성가족부가 발표한 '2019년 성매매 실태조사' 분석 결과, 국내 청소년 9명 가운데 1명은 온라인에서 성적 대화, 신체 사진 요구 등 성적 유인 피해를 경험한 것으로 나타났다.

성적 유인 유형에는 성적 대화, 나체 또는 신체 일부를 찍은 사진·동영상 송부 유인, 화상채팅을 통한 야한 자세 유도 등이 포함된다.

이 같은 성적 유인 경로는 인스턴트 메신저가 28.1%로 가장 많았고, SNS 27.8%, 인터넷 게임 14.3% 순이었다. 유인자는 대부분 온라인에서 처음 만난 관계(76.9%)로 나타났다.

위기청소년 166명 가운데는 조건만남을 경험한 비율이 47.6%로 조사됐다. 조건만남은 휴대폰을 이용하거나 지인 소개 또는 우연한 기회에 돈, 식사, 선물, 술 등 대가를 약속받고 남성과 만나거나 성관계를 갖는 행위다.[25]

이어서 다음 사례도 한번 살펴보자.

미성년자들에게 조건만남을 제안한 뒤, 성 착취 영상물을 찍게 한 30대가 구속돼 재판에 넘겨졌다. 무직 상태인 A씨는 지난해 5월부터 지난 1월까지 SNS를 통해 알게 된 미성년자 4명을 상대로 성 착취 사진 등을 찍어 소지한 혐의를 받고 있다. A씨는 이 과정에서 미성년자들에게 음란행위를 시키는 등 성적 학대행위를 했다.[26]

여성 청소년을 대상으로 랜덤 채팅과 SNS 등을 통한 조건만남 제안과 협박과 감금을 통한 성매매 강요 및 성 착취가 이루어진다면, 남성 청소년을 대상으로는 데이트 알바와 신종 보이스 피싱이 있다.

SNS에는 다음 그림에서 보는 것과 같은 데이트 알바 홍보가 넘쳐난다. 이 같은 '프로필'을 적은 사람들이 팔로우 신청을 하거나, 댓글에 홍보글로 올리거나, DM(Direct Message)을 보내는 방식으로 홍보를 한다.

아르바이트 플랫폼 사이트인 알바천국, 알바몬 등에서도 고액 아르바이트, 고액 알바라는 현혹되기 쉬운 달콤한 문구의 알바 모집 게시물을 종종 볼 수 있다. 이 게시물들은 돈을

많이 벌게 해주는 것이 아닌, 많은 돈을 잃게 만드는 신종 보이스 피싱이다. 해당 글을 보고 데이트 알바에 지원하는 순간부터 사기에 휘말리게 된다.

데이트 알바, 이른바 사모님 알바에 대해서 설명하자면, 이 알바는 30~40대 사모님들에게 어떠한(?) 행위를 해주면 짧은 시간에 20만 원이라는 상당한 금액을 준다고 홍보한다.

하지만 그렇게 많은 돈을 줄까? 다음은 데이트 알바 모집책과 통화한 내용을 각색한 것이다.

"저희 중개소는 사모님 상대로 알바하실 남성분들을 모집하구요. 사모님 있는 곳으로 이동하셔서 사모님 원하시는 걸 해드리면 됩니다. 2시간에 20만 원이고요, 추가시간은 1시간당 20만 원씩 받으시면 됩니다."

"어떤 식으로 진행이 되나요?"

"네, 40대 사모님 한 분이 예약하셨는데 오늘 알바 가능하세요? 지금 어디 부근에 계세요? 상세한 위치와 사진 한 장 보내주세요. 마침 근처에 계시네요. 사모님과 즐거운 시간을 보내고 현장에서 50만 원을 받으면 됩니다. 수수료가 30만 원이니 알바를 가기 전에 미리 저에게 30만 원을 보내고 현장에서 50만 원을 받으면 20만 원이 수익이 되는 겁니다."

바로 이런 식으로 선입금으로 돈을 받고 잠적하는 형태의 사기라 할 수 있다.

데이트 알바 홍보글을 보고 혹할 경우 다음의 사항만 잘 기억하면 된다.

첫째, 해당 업종에서는 남자 데이트 알바를 잘 뽑지 않는다. 사모님 알바 그런 것은 존재하지 않는다.

둘째, 알바비의 경우 짧은 시간에 그렇게 돈을 많이 주는 곳은 일단 의심하고 봐야 한다. 사기일 가능성이 높으며, 돈을 많이 준다면 어떤 식으로든 대가가 따른다는 걸 기억하자.

셋째, 선입금은 무조건 사기라고 보면 된다. 실제 경험한 사람들이 SNS에 한창 떠돌던 데이트 알바 사기업체를 경찰

에 신고했지만 중국 IP를 가지고 있어서 잡을 수 없었다고
한다.

3
온라인 그루밍,
"공부하느라 힘들지?"

"공부하느라 힘들지? 오늘도 고생했어!"

"말하는 거 보면 참 귀엽고 착해."

"괜찮아. 분명 잘될 거야. 힘내라고 아이스크림 쿠폰 보내줄게."

마음을 알아주고, 힘을 북돋워주고 나를 무조건 예쁘다고 하는 사람. 우리는 누구나 그런 존재가 곁에 있기를 바란다. 그런 사람이 곁에 있다면 지치거나 힘들 때도 잘해나갈 수 있을 것이며, 문득 공부가 계획한 대로 되지 않을 때도 좌절하지 않고 버텨낼 수 있을 것이다.

그런데 이렇게 따뜻한 말을 건네는 의도가 사실은 성범죄를 노리는 거라면 어떤가? 순식간에 저 말들은 너무도 징그

럽고 끔찍하고 소름 끼치는 말로 느껴질 것이다. 순수하게 나를 위해주는 것이 아니라 말로 현혹해서 자신의 범죄 목적을 이루려는 사람이 있다면 그 사람을 가까이하겠는가? 혹은 내 친구가 그런 사람과 연락을 주고받고 있다면 어떻게 할 것인가? 그 사람과 계속 연락을 하라고 하겠는가, 아니면 그런 사람은 위험한 사람이니 절대로 더는 연락을 하지 말라며 말릴 것인가?

한 중학교 3학년 청소년이 고등학교 진학을 앞두고 심리적으로 불안한 상태였다. 스마트폰으로 이리저리 오픈채팅방을 둘러보다가 공부와 진로에 대한 상담을 해주겠다는 의대생 오빠를 만났다. 어려워하는 과목 공부를 도와주겠다고 해서 2개월간 연락을 지속하면서 신뢰가 쌓였고, 사적인 비밀과 고민도 털어놓았다. 시간이 지나면서 의대생이라는 오빠는 구체적이고 노골적으로 나체 사진과 유사 성행위 영상을 요구했다. 우연히 부모가 이를 발견하고 경찰에 신고를 했는데, 놀라운 것은 피해 청소년은 피해자 진술을 하지 않겠다고 한 것이다. 왜냐하면 그 사람과 서로 사랑하는 사이라고 믿었기 때문이다.[27]

이 이야기는 KBS 취재진이 상담기관의 협조를 받아 미성년 디지털 성폭력 피해자의 이야기를 인터뷰한 내용에서 발췌한 것이다.

해당 사건의 아이는 자신이 온라인 그루밍 피해자인 것을 인지하지 못하고 있다. 2개월이라는 시간 동안 그루밍 가해자는 온갖 미사여구를 늘어놓으며 피해자의 마음을 사기 위해 노력했을 것이고, 불안한 마음을 가장 잘 알아주는 사람처럼 굴었을 것이다. 어려워하는 과목 공부도 가르쳐주고 진로상담을 해주면서 피해자를 진정으로 염려하는 사람처럼 행동했을 것이다. 피해자는 2개월 동안 천천히 길들여져서 이렇게 진정성 있는 말을 하는 사람이 나쁜 사람일 거라고 생각하지 않는다. 이상한 사진과 성적인 영상을 요구한 것도 자신을 좋아해서 그런 거라고 생각할 확률이 높다. 인정할 수 없는 현실 앞에서 아이는 한동안 먹지도 못하고 잠을 잘 수도 없었다고 한다. 전형적인 온라인 그루밍 피해자의 모습이라고 할 수 있다.

청소년 온라인 그루밍 사례를 보면서 놀라는 점은, 그루밍 가해자들이 탁월한 심리 전략을 가지고 있다는 것이다. 마치 심리학 공부를 많이 해서 사람의 마음을 잘 아는 사람처럼 느껴진다. 이들의 공통된 특징을 간추려보자면, ①상대방이 듣고 싶은 말을 적재적소에 사용함으로써 경계를 무너뜨리고 믿을 만한 사람이라는 가짜 라포(상담이나 교육을 위한 전제로 신뢰와 친근감으로 이루어진 인간관계)를 형성한다. ②내 마음을 잘 알아주고 집중한다는 느낌 때문에 사랑이 바탕일 거라 생각하게 만든다. ③힘든 마음을 털어놓을 때 잘 들어주고 호응하면서 마음의 피난처가 되도록 한다.

채팅을 처음 주고받을 때의 경계심이 완전하게 허물어졌을 때 환심을 더 사기 위해서 선물 공세를 하기도 한다. 피해 청소년을 속이기 위해 가짜 신분증이나 학생증을 만들어서 보내기도 하고, 상대방이 경계심을 늦추고 마음을 터놓을 수 있도록 동갑 혹은 한두 살 차이로 나이를 속여 연기하듯이 접근하기도 한다.

피해 청소년 입장에서는 자신의 고민을 잘 들어주고 집중해서 조언도 해주는 가해자에게 호감을 느끼고, 그 사람이 한 말들에 의미를 부여하기 시작한다. 또한 가해자가 준 선물에 부채감이 생기기도 하는데 그때부터 본격 그루밍이 시작된다고 볼 수 있다. 왜냐하면 가해자가 교복 입은 사진을 보내달라고 하거나 신체 일부(손, 한쪽 눈, 발, 어깨 선 등)의 사진을 요구하기 시작하면 뭔가 이상하다는 생각이 들지만, 이미 가해자가 베풀어준 친절과 선물 때문에 의구심에 무게를 싣지 않기 때문이다. 내가 좋아서, 내가 특별해서 그런다고 생각하는 것이다. 선물을 받아서 이미 사용한 뒤라 가해자가 요구하는 것을 거절하자니 미안한 마음이 든다.

사진을 보낼 때마다 엄청난 칭찬과 찬양이 돌아오고 요구의 수위도 조금씩 높아진다. 가해자의 요구에 하나씩 반응하다 보면 처음에 들었던 경계심마저도 희미해지고 재미있는 놀이처럼 느끼게 된다. 피해 청소년들은 가해자에 대해 넓게는 인간관계, 좁게는 연인 관계에서 일어나는 상호 작용이라고 생각하곤 한다. 하지만 가해자에게 피해 청소년은 그저 자신의 욕구를 채워줄 대상에 지나지 않는다는 것을 명심해야 한다. 앞서 언급한 미성년 디지털 성폭력 피해자의 이야기를 좀 더 살펴보자.

제 딸은 13세입니다. 게임을 하던 중 "버스를 태워주겠다"는 말을 들었대요. 게임을 잘하는 사람이 동참하자는 의미로 사용하는 말이라더군요. 그 말에 솔깃한 딸은 상대와 함께 게임을 했고, 채팅을 주고받았다고 합니다. 이후 카카오톡으로 대화를 이어가며 9개월간 교제했습니다.

가해자인 상대는 아이와 연락을 이어가면서 자신의 나체 사진을 아이에게 지속해서 보냈어요. 그러면서 딸에게도 유사 성행위 영상과 나체 사진을 요구했습니다. 회유와 협박 끝에 아이는 결국 상대의 요구를 들어줬습니다. 나중에 물어보니 "보내면 오빠가 좋아할 것 같아서" 영상과 사진을 보냈다고 합니다.

경찰 수사가 시작된 뒤, 알고 보니 가해자는 만 13세 미만을 성폭행해 이미 실형을 받은 전력이 있는 25세 남성이었습니다. 경찰 조사 당시 전자발찌도 차고 있었다고 합니다. 인터넷과 모바일 게임이라는 열린 공간 안에서 성범죄자의 표적이 되기란 참 쉬운 것 같습니다.[28]

이렇듯 랜덤 채팅이나 게임상에서 만난 사람, SNS DM을 통해 외모 칭찬으로 시작되어 알게 된 사람들은 자신의 정체를 철저하게 숨긴 채, 여러 명을 동시에 공략해서 그루밍을 진행한다.

누구와도 연결이 가능하다는 것이 장점인 디지털 세상은 현시대 누구에게나 편리한 환경을 제공한다. 그러나 이 말은 누구나 온라인 그루밍의 잠재적 피해자가 될 수 있다는 말과 같다. 가해자들은 피해자가 정서적으로 힘든 시기를 보내고 있거나 자신을 알아주는 사람이 없다고 느끼고 있을 때를 공략한다. 특히나 나이가 아직 어린 경우, 세상 사람들이 나쁠 수 있다는 의심이 덜하고 경험치도 낮아 위 사례처럼 오랜 시간 그루밍을 겪을 수 있다.

온라인 그루밍의 결정적인 문제는, 가해자가 행한 모든 행동의 과정과 결과까지 피해자가 온전히 떠안는다는 데 있다. 문제가 발생했을 때 가해자는 온라인상에서 일어난 문제에 대해서 자신은 전혀 잘못이 없다고 발뺌한다. 미성년자인 것도 전혀 몰랐다고 하는 경우가 대부분이다. 화장을 해서 몰랐다고 한다거나, 피해 청소년이 나이를 말해줬다고 해도 기억나지 않는다고 하면 그만이다. 사진도 피해 청소년이 스스로 찍어서 보냈고 자신은 장난으로 한 말인데 실제 보낼 줄 몰랐다고 하면서 모든 잘못을 피해 청소년 탓으로 돌리는 경우도 많다. 또한 그동안 서로 다정하게 주고받은 말과 사진을 증거로 능동적 연인 관계였음을 주장하기도 한다. 그럴 경우 법망을 빠져나가기 쉽다는 것을 가해자들은 여러 경험을 통해 알고 있다. 범죄자이기 때문에 법 이치를 잘 알고 있는 것이다. 상대적으로 법 이치를 모르는 피해 청소년들은 자신이 큰 잘못을 했다는 생각에 신고는 물론이고 주변에 알리지도 못하며, 오히려 가해자에게 협박을 받는 사례도 많다.

가해자는 그루밍을 하는 동안 혹시라도 문제가 생기면 어떻게 빠져나갈 것인지 대비를 하면서 피해 청소년을 대하기 때문에 속은 입장에서만 억울한 상황이 벌어지게 된다. 피해 청소년은 온라인 성 착취로 인한 상처와 동시에 모든 게 거짓이었다는 배신감, 거기에 반응한 자신을 향한 자기혐오에 가까운 감정의 무게까지 감당해야 한다. 그래서 대부분의 피해 청소년들은 나중에 사실을 알게 되어도 신고나 진술을 하지 않으려고 하고, 범죄 사실을 회피하려고 한다. 그러나 마음속에 남은 상처는 상황을 제대로 인지하게 될수록 더 깊게 파고들 것이다.

다른 디지털 성범죄도 마찬가지지만 온라인 그루밍은 특히 사회 인식과 주변 어른들의 인식이 낮아서 피해자들을 더욱 고립시킨다. 그런 빤한 수법에 도대체 왜 빠져드는지 이해가 되지 않는다는 어른들의 표현은 피해 청소년이 갈 곳을 잃게 만든다. 피해 청소년을 자발적으로 성범죄와 성매매에 가담한 범죄자로 인식하여 '선도의 대상'으로 여기며, 아직도 그런 시선으로 바라보는 경우가 많아 피해자 스스로도 낙인의 두려움을 느낀다.

온라인 그루밍 사건의 가해자 연령대를 보면 20대가 43.5%, 30대가 29.1%를 차지한다. 이는 오프라인 성범죄의 경우 20대가 23.5%, 30대가 18.7%인 것에 비해 훨씬 높은 비율이며 그만큼 인터넷 사용이 익숙한 집단에서 범죄가 일어난다는 걸 알 수 있다. 또한 직업군을 살펴보면 무직 25.5%, 사무관리직 20.9%로, 오프라인 성범죄의 사무관리직 14.1%보다 비율이 높다. 상대적으로 시간이 많고 인터넷과 친숙한 집단에서 온라인 그루밍이 높게 나타나는 것이다.

한 논문에 의하면, "성범죄자들은 온라인 공간의 특성을 이용하여 아동·청소년들에게 접근한 뒤 순응하게 하거나 협박하여 성적으로 착취하는 일련의 과정에서 매뉴얼을 따르는 듯한 행태를 보인다. 성범죄자들의 그루밍 성범죄 수법이 천편일률적이고 매뉴얼화되어 있다는 것은 한국 사회에서 성을 착취의 대상으로 삼는 범죄가 '공공연한 문화'처럼 '관습적'으로 행해지는 구조가 형성되어 있다는 점을 드러낸다."고 밝힌다. 이러한 점을 볼 때 온라인 그루밍 성범죄 매뉴얼에 대한 정보와 교육이 사전에 이루어진다면 아동청소년들의 피해가 줄어들 것이라는 예상이 가능하다.

그루밍 피해는 아주 작은 요구에서 시작되며 아이들이 쉽게 거절하지 못한다는 것을 이용한다는 점에서 그 경로가 비슷하다. 부당한 요구임을 분별할 수 있게 하고, 부당한 요구를 들어주는 피해자가 잘못된 것이 아니라 가해자들이 잘못한 것이라는 명백한 이치를 사회가 인식한다면, 피해 청소년들이 두려움에 침묵하거나 자기혐오에 빠지지 않을 수 있다.

더 나아가 온라인상에서 미성년자에게 성적으로 접근하고 유인을 하는 것만으로도 법적 처벌이 이루어질 수 있어야 피해자를 협박하는 행위가 없어질 수 있다. 현재 영국과 미국은 온라인 그루밍을 법률로 명시하고 있으며, 가해자가 피해자를 만나려는 의도가 있든 없든 온라인 그루밍 행위를 처벌할 수 있는 체계를 갖추고 있다. 분명 우리나라 역시 이 방향으로 나아가겠지만, 그 전에 청소년과 청소년 주변 어른들이 반드시 기억해야 할 것은, 온라인 그루밍은 청소년의 잘못이 아니라 100% 가해자의 잘못이자 범죄라는 사실이다.

유엔아동권리협약은 성 착취의 개념 정의를 통해 만 18세 미만의 모든 아동청소년을 대상으로 하는 성범죄는 어떠한 계약 및 동의 여부에도 불구하고 아동청소년의 '자발성'이 성립하지 않음을 전제로 한다. 이처럼 온라인 그루밍은 오직 성적 착취를 목표로 피해 청소년에게 전략적으로 접근하는 디지털상의 새로운 성범죄이며, 청소년들은 오프라인에서 낯선 사람의 접근을 경계하는 것처럼 온라인상에서도 상대방의 정체와 의도를 파악하고 적극적으로 경계해야 피해를 줄일 수 있다.

4
돈 대신 몸으로,
청소년 노예화 그리고 성 착취

디지털 성범죄에서 피해자들이 가장 무서워하는 것이 자신의 영상이 온라인상에 유포되는 일이다. 유포가 되면 자신의 인생은 끝난다고 생각하고, 어떻게든 이를 막기 위해 돈을 보내거나 그럴 수 없을 경우 극단적인 선택을 하기도 한다. 가해자들은 이를 알기 때문에 유포하겠다는 '협박'을 하기 위해 ①유포할 사진과 영상을 확보하고 ②유포할 대상(부모, 친구, 직장동료 등)을 확보한 후에 돌변하는 것이다.

그렇다면, 돈을 당장 입금하지 않으면 사진과 영상을 유포하겠다는 협박을 받았는데 돈이 없는 경우 어떻게 될까? 돈이 없다는 피해자의 사정이 가해자들에게 통할까? 특히 청소년의 경우 '학생이라 돈이 없다'라는 말을 하면 가해자들이

봐줄까? 가해자들은 돈이 없다는 피해자를 더 큰 함정으로 끌어들인다. 이른바, '몸으로 때워라!'

피해자가 돈이 없을 경우, 가해자들은 다음 세 가지 형태로 피해자를 끈질기게 이용한다.

1. 홍보글 게시 강요 : 미끼를 투척하는 글인 홍보글을 올리는 데 이용한다.
2. 공범화 : 홍보글을 올리게 함으로써 범죄에 가담하게 만든다.
3. 성 착취 : 돈이 되는 몸 사진과 영상을 지속적으로 제공하게 한다.

피해자들은 시키는 대로 하면 유포를 막을 수 있다고 생각하지만, 이는 더욱 벗어날 수 없는 협박거리를 제공하게 되므로 끝나지 않는 이른바 '노예 생활'이 시작된다.

다음 기사 내용은 피해자를 협박하다가 돈을 뜯어낼 수가 없다는 걸 알고 홍보글을 올려 범죄에 가담하도록 끌어들이는 과정이 잘 서술되어 있다.

"야하게 놀아요~ 화끈한 밤 같이 보내요~ 저랑 폰X 즐겨요~ 카톡 아이디 OOOO 추가~"

지난해 1월 중순부터 고등학생 A군이 약 2주 동안 매일 오후 6시부터 12시까지 6시간 동안 각종 채팅 앱에 남긴 홍보글이다. 그에게 주어진 할당량은 매일 수십 건.

A군은 이른바 '몸캠피싱' 피해자다. 지난 2018년 12월쯤 한 여성이 SNS로 걸어온 '친구 추가'를 승낙한 게 화근이 됐다. "같이 얘기나 하면서 놀자"며 채팅을 통해 말을 걸어온 여성과 대화를 나누던 그는 영상 통화까지 이어가게 됐다. 영상으로 서로의 알몸까지 보여주게 됐다는 A씨는 상대가 진짜 '여성'이라고 철석같이 믿었다.

처음에 100만 원을 요구하던 피싱범은 A군이 "돈 없는 학생이다"라고 하자 50만 원으로 '깎아' 줬다고 한다. 하지만 이마저도 A군이 도저히 구할 수 없다고 하자 "돈 갚을 때까지, 우리 SNS 계정 홍보해라."라고 요구했다. 피싱범이 운영하는 '단톡방'도 있다. 해당 단톡방에는 A군과 같은 피해 미성년자로 추정되는 사람이 5명 정도 있는데, 피싱범은 이들에게 링크를 주면서 "XX사이트에 홍보해라", "이렇게 써라"라면서 지령을 내린다고 한다.

"니가 학생이고 돈 없는 거 아니깐 몸으로 때워"…조직적으로
관리하기도

또 다른 미성년자 피해자 B군은 "한 달 동안 홍보하면 갖고
있는 영상을 지워준다고 했다. 처음에는 일단 유포만은 막자
는 심정에 열심히 홍보했다"고 털어놨다. 하지만 "이걸 한다
고 진짜 영상을 지워줄 것 같지는 않았다. 이러다가 평생 홍
보를 하게 될 것 같아서 업체에 피해 사실을 신고했다"고 말
했다.

하지만 이들은 피싱범들의 요구를 들어주다가 공범으로 몰
릴 가능성도 있다. 경찰 관계자는 "청소년이 곤궁한 처지에
놓여 가담했어도 결국 범죄 수단, 도구가 된 것"이라며 "홍보
글을 올리라고 실제 주문한 피싱범을 '간접정범'으로 볼 수도
있지만, 실제 홍보를 한 청소년을 법적 처벌에서 구제하기는
쉽지 않다"고 말했다. "홍보를 시키는 이유 중에는 이들을 공
범으로 만들어서 자신들을 신고하지 못하도록 하려는 목적도
있다." 29)

기사 내용처럼, 유포를 막기 위해 홍보글을 올리다 보면
자신도 범죄에 가담하는 공범이 되고, 그렇기에 더더욱 빠져
나올 수 없게 된다. 이뿐만 아니라, 돈이 없다는 청소년에게

친구 5명의 연락처나 SNS를 알려주면 너는 봐주겠다는 식의 제안을 해서, 친구들의 연락처와 SNS의 정보를 계속해서 제공해야 하는 상황에 놓이기도 한다.

이렇게 홍보글 노예가 되어 의도치 않게 범죄조직에 가담하거나 친구의 정보를 넘겨야 하는 상황에 놓이기보다는 부모 등 주변 어른에게 곧바로 도움을 요청하거나 전문기관에 연락하여 더 큰 함정에 빠지지 않는 선택이 필요하다. 그들은 한번 물면 절대로 봐주지 않는다는 걸 기억하자.

가장 심각한 형태가 바로 성 착취 영상을 계속해서 제공하는 노예화이다. 바로 모두가 경악하고 분노했던 N번방의 피해자들이 당한 형태다.

기사 내용을 같이 살펴보자.(전달력을 높이기 위해 기사 내용을 일부 편집하였다)

20대 초반인 최지수(가명)는 3년 전 수중에 돈 한 푼 없이 타지 생활을 시작했다. 은행 대출로 간신히 살 곳을 구하고 생활비를 마련했지만, 대출 이자와 밀린 월세가 감당할 수 없이 불어났다. 대부업체를 찾아야 하나 고민하던 순간, 트위터에 올라온 글 하나가 눈에 들어왔다. 홍보 아르바이트를 하면

300만~600만 원을 한 번에 지급한다는 구인글이었다. 이 글에는 텔레그램 아이디가 함께 적혀 있었다. 최지수는 곧바로 텔레그램에 가입하고 "알바 구인글 보고 연락드렸습니다"라고 말을 걸었다.

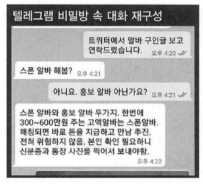

텔레그램 비밀방 속 대화 재구성

> 트위터에서 알바 구인글 보고 연락드렸습니다. 오후 4:20 ✓✓

스폰 알바 해봄? 오후 4:21

> 아니요. 홍보 알바 아닌가요? 오후 4:21 ✓✓

스폰 알바와 홍보 알바 두가지. 한번에 300~600만원 주는 고액알바는 스폰알바. 매칭되면 바로 돈을 지급하고 만남 추진. 전혀 위험하지 않음. 본인 확인 필요하니 신분증과 통장 사진을 찍어서 보내야함. 오후 4:22

출처:2019. 11. 25. 한겨레
(https://www.hani.co.kr/arti/society/women/918321.html):

곧 '박사'라는 계정이 응답해왔다. 박사는 최지수를 비밀 대화방으로 불렀고, 텔레그램 전화하기 기능으로 전화를 걸어왔다. 제안은 간단했다. "홍보 알바와 '스폰 알바'가 있다. 스폰 알바는 돈이 바로 지급된다"고 했다. '스폰'이 무엇을 의미하는지 설명은 없었다. 최지수는 박사가 연결해주는 '매칭남'과 만나서 식사하고 시간을 보내는 일 정도로 생각했다.

'매칭남'은 텔레그램 비밀 대화방으로 말을 걸어왔다. 꼭 새끼손가락을 펴고 찍으라며 얼굴 사진 몇 장을 요구하더니, 급기야 나체 사진을 요구했다. 몸과 얼굴이 같이 나오면 5장, 얼굴이 안 나오면 10장을 보내야 한다고 했다. '뭔가 잘못되고 있다'고 느낄 무렵, 갑자기 박사가 통장 사진을 보내왔다. "지금 우리 통장에 매칭남이 160만 원을 보냈다. 사진을 보내면 바로 이 돈을 입금해주겠다"고 했다. 망설이던 최지수는 나체 사진과 가슴 사진 7장을 보냈다. 폭스밤과의 텔레그램 대화방은 대화 내용이 3초 뒤면 자동으로 삭제되도록 설정되어 있었다. "비밀 대화방이라 금세 지워지니 그 사람만 잠깐 보고 마는 것이라고 생각했어요." 최지수의 두 번째 착각이었다.

피해 여성이 거부 의사를 밝히면 협박이 시작된다. "성매매하려 했다고 가족들에게 알리겠다", "내가 네 친구들, 가족들의 이름과 연락처, 주소를 다 안다"는 겁박이다.

그래도 거부하면 "너의 집 앞으로 내 직원들을 보내서 죽일 것"이라는 살해 위협까지 한다. 끝내 돈은 입금하지 않고, 여성이 모든 걸 포기한 채 박사의 요구에 순종해야만 끝을 볼 수 있다. 피해 여성은 대화 기록이 이미 사라졌기 때문에 협박과 강요의 증거를 모을 수도 없다.[30]

우리는 이런 기사를 접하면서, 초반에 이상하면 안 한다고 하면 되지 않나 하는 생각을 한다. 그러나 가해자들은 기사에서처럼 초반에는 이상하게 느끼지 않게 신뢰를 주는 말과 상황을 연출하고, 아주 간단한 일인 것처럼 유인하여 서서히 끌어들인다. 돈이 필요한 사람에게 신체 일부 사진 몇 장에 큰 돈을 받을 수 있다는 제안을 거절하기 어렵게 만드는 전략으로 치밀하게 유인한다. 여기에 알바비를 입금해줄 테니 계좌번호를 알려달라고 하고, 이름을 확보해 이미 개인정보(SNS 등을 통해 지인들에게 유포할 경로)를 알고 있다는 협박으로 도저히 빠져나갈 수 없게 한다. 제대로 돈을 받을 수 없는 건 물론이고, 끈질긴 협박으로 수위가 높은 사진과 영상을 계속 제공해야 하는 성 착취 영상 노예가 되는 것이다.

위 기사에 실린 〈텔레그램 비밀 대화방 범죄 6단계 재구성〉을 보면 다음과 같다.

1단계처럼 SNS에서 쉽게 접할 수 있는 고수익 알바 글은 호기심을 자극한다. 높은 금액에 안전하다는 말을 믿고 싶고, 선지급이라는 단어에 '괜찮겠지', '문의만 해보고 이상하면 안 하면 되지'라고 생각하지만 문의를 하는 순간부터 범죄 조직의 타깃이 될 수 있다는 걸 명심해야 한다. 이런 글은 아예 관심을 갖지도 말고, 곧바로 차단하는 것이 답이다. 그

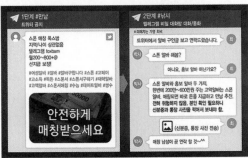

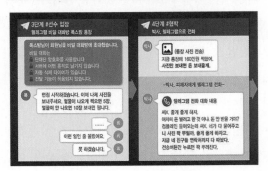

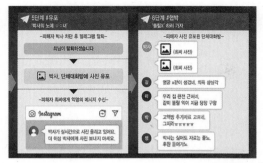

출처: 2019. 11. 25. 한겨레
(https://www.hani.co.kr/arti/society/women/918321.html):

리고 혹여라도 문의를 해보다가 이상함이 감지되면 곧바로 신고하고 도움을 요청해야 한다. 그런 알바를 하려고 했다는 것을 숨기기 위해 그들의 요구를 들어주다가 더 끔찍한 상황에 놓이게 된다는 걸 명심 또 명심하자.

4장

원인을 제공한
피해자는 없다

1

"부모에게 알린다"가 협박이 되는
너무도 슬픈 사회

디지털 성범죄에 대해 연구하면서 접하게 되는 피해 사례 가운데 가장 슬픈 것이 '부모에게 알리겠다'가 협박이 되는 현실이다.

"부모에게 알리겠다."라는 말은 가해자가 아니라 피해를 입는 쪽에서 '나에게는 이 일을 해결해줄 사람이 있다'의 차원에서 하는 말이 되어야 한다. 그러나 디지털 성범죄 피해자들, 특히 청소년들은 "너네 엄마아빠에게 알린다", "너 다니는 학교에 말한다"가 가장 두려운 일이다. 오히려 다른 사람에게는 알려도 되지만 부모에게만은 안 된다며, 협박하는 가해자에게 부탁을 하는 처참한 상황이 벌어진다.

법적으로 부모는 아이들의 '보호자'이다. 아이에게 무슨 일이 생겼을 때 누구보다 적극적으로 나서서 편이 되어주고 해결을 해줘야 하는 존재다. 그러나 부모에게 알리지 말아달라는 것은, 법적으로는 보호자일지 모르지만 심정적으로는 가장 먼 곳에 있는 존재임을 드러낸다. 자신에게 일어난 일을 그 누구에게도 말하지 못하고 혼자서 해결해보려다가 가해자들의 덫에 더 깊숙이 빠지게 되고, 그러는 동안 가장 힘든 것은 해결 기미가 보이지 않는 막막한 상황에서 겪게 되는 혼자라는 처절한 외로움이다.

부모는 아이에게 무슨 일이 생기면 자신에게 가장 먼저 얘기해주기를 바란다. 하지만 아이 입장에서는 자신에게 일어난 일을 말하는 순간 부모의 뻔한 반응이 예측되어 기피하는 대상 1호가 되는 것이다.

한 기사에 따르면, "성범죄 사건이 터지고 수사를 진행할 때 아동·청소년이 부모에게 피해 사실을 알리는 걸 원하지 않아 신고를 포기하는 사례가 많다"고 한다. 경찰청 범죄수사규칙 제13조는 '경찰은 고소인이 미성년자인 경우 법정대리인·배우자·직계친족·형제자매 또는 가족에게 통지해야 한다'고 규정하고 있다. 수사 및 재판과정에서 미성년자의 권리가 보호받을 수 있도록 보호자가 수사 및 재판과정에 참여하도록 한 것이다.

피해자가 피해 사실을 신고하면 부모나 법정대리인에게 피해 사실과 수사 과정을 경찰이 통지하게 돼 있으며, 성범죄 피해 증거 채취 과정엔 법정대리인의 동의가 필요하다.[31)]

아이들에게 일어나는 디지털 성범죄는 부모가 평소에 반대하는 게임 채팅, SNS, 랜덤 채팅 등이나 부모에게는 생소한 경로로 알게 된 사람을 통해 주로 이루어진다. 그들과 일상적인 대화를 주고받다가 온라인 그루밍의 대상이 되는 경우가 많다. 피해를 입는 상황까지 왔을 때, 아이 입장에서는 자신도 어느 정도 참여했다는 죄책감을 갖게 된다. 그리고 분명히 부모가 "그걸 왜 했어?"라는 반응을 보일 거라 예상하면서 자신의 사생활이 부정적으로 치부될 거라는 걸 감지한다. 그래서 피해 사실을 경찰에 신고하러 갔다가도 보호자에게 알려야 한다는 말을 듣는 순간, 신고를 아예 포기하는 상황이 일어난다. 관련 기사를 보면 이러한 일이 흔히 일어나고 있음을 알 수 있다.

한국여성정책연구원의 보고서는 "경찰이 인지수사로 범죄사실을 알게 됐을 때도 본인의 피해 사실이 부모에게 알려질 것을 우려한 나머지 피해자가 조사에 응하지 않는 경우도 있다"

고 했다. 한국여성정책연구원 연구의 심층 면접에서 한 경찰은 "미성년자 피해자들이 대부분 보호자에게 연락하는 걸 싫어합니다. 특정 사진을 통해서 (피해자의) 인적사항이 확인돼서 피해자에게 연락하면, 부모님에게 연락해야 한다고 얘기할 때 조사를 거부하겠다는 피해자가 거의 99% 정도 될 것 같습니다"라고 했다. 이어, "부모님이 동참한다고 해도 부모님 앞에서 자신이 피해를 당한 성 착취 관련해서 대부분 다 축소해서 진술하고, 진술을 못 하는 경우가 대부분입니다."라고 말했다.[32]

현재 여성가족부 산하 한국여성인권진흥원 내 '디지털성범죄피해자지원센터(https://d4u.stop.or.kr/)'에서는 미성년자도 보호자 동의 없이 접수가 가능하며 선제적 삭제 지원 등을 제공받을 수 있다. 24시간 전화 상담도 할 수 있으며 온라인 게시판을 통해서도 피해 접수가 가능하다.[33]

아동·청소년을 비롯한 디지털 성범죄 피해자들은 예상하고 피해자가 되는 게 아니다. 그렇기 때문에 이런 도움을 받을 채널이 있다는 것을 평소에 알고 있지 않으면, 부모를 비롯한 주변 사람에게 알려질까 두려워 가해자들의 성노예가 되어 더 큰 덫에 걸리거나 극단적인 선택에 이르게 된다.

실제로 극단적인 선택을 한 아이가 받았던 협박 메시지의 내용은 모두 부모에게 당장 알리겠다는 내용이었다. 10분 안에, 5분 안에 식으로 시간을 재촉받다 보니 더욱 급박한 상황에 몰리게 되어 다른 생각을 할 수 없게 된다.

아이에게 무슨 일이 생기면 무조건 부모에게 알려서 해결할 수 있게 하는 것이 무엇보다 중요한데도 우리는 도대체 무엇 때문에 이 반대로 아이들을 몰아가고 있는 걸까?

일명 'N번방' 사건을 통해 우리 사회의 과제를 짚어본 한 기사도 이에 대한 경각심을 불러일으킨다.

"다큐멘터리 〈사이버 지옥:N번방을 무너뜨려라〉는 사이버 성 착취의 실체를 낱낱이 해체한 수작이지만, 한편으로 사건의 잔혹함 때문에 양육자들에게 막연한 공포감과 두려움을 남기기도 했다. 공포는 사람을 움츠러들게 한다. 실제로 다큐멘터리를 본 몇몇 지인은 내게 자녀의 온라인 활동을 어떻게 차단하고 관리해야 하는지 물었다. 다큐멘터리를 보고 난 뒤 자녀에게 스마트폰을 사주지 않겠다거나 SNS 회원가입 자체를 막겠다고 공언한 이들도 있다. 그렇지만 문제는 청소년도, 온라인도 아니다. 이 사건을 넘어서기 위해 우리는 다른 대화를 이어나가야 한다. N번방에 대한 두려움이 청소년에 대한 통제와 제재로 향한다면, 다시 그들은 '금지되고, 다른 이에게 말할 수 없는 공간'을 찾을 수밖에 없을 것이다. 오로지 자기 몸을 이해하기 위해서 말이다."[34]

2
부모와 교사
그리고 주변 사람들의 대처

부모의 역할 : 금지가 아닌 관심을 기울여야

부모 교육을 할 때, '청소년 디지털 성범죄' 사례를 언급하면서 부모의 역할이 중요하다고 강조하면 곧바로 자녀의 인터넷과 휴대폰을 가능하면 적게 하도록 하겠다고 말하는 부모들이 있다. 그러나 이것은 원천적인 문제 해결이 아니라, 오히려 더 강하게 온라인 세계에 집착하게 할 수 있음을 기억해야 한다. 행동 자체를 금지시키는 것에 중점을 둘 것이 아니라, 부모가 울타리가 되어줄 수 있다는 믿음을 주는 것이 핵심이다.

부모가 아무리 통제와 금지를 해도 아동청소년이 온라인

세계에 머무는 것을 차단할 수는 없다. 현재 이 사회에 살고 있는 한, 휴대폰과 온라인을 접할 수 있는 경로는 너무 많다. 통제를 몇 살까지 할 수 있겠는가? 아동청소년 시기에 차단 한다고 하더라도 성인이 되어서 오히려 무지 상태에서 문제 를 만날 수도 있으며, 실제로 잘 모르기 때문에 새로운 세계 에서 '이런 것도 있네.' 하는 순간 피해자가 되기도 한다.

그래서 아동청소년 자신은 물론이고 부모들이 제대로 아는 것이 중요하다. 아이들이 온라인 세계를 접하는 경로는 부모 세대와 많이 다르다. 한 예로 의류나 화장품을 쇼핑하는 인터넷 사이트와 앱 목록만 보더라도 어른과 청소년은 많이 차이가 있다. 이처럼 서로 접하는 것이 다르기 때문에 통제와 금지가 아닌, 존중이 기반이 된 관심이 중요하다.

"너도 랜덤 채팅이라는 거 하니?"

이렇게 취조하듯 물을 게 아니라, 만약 묻고 싶다면 그런 것들로 인해 피해자가 많다는 뉴스를 접했는데, 혹시 사용하고 있다면 잘 살펴야 한다는 식으로 오히려 허용적인 분위기를 전달해야 한다. 그래야 자신에게 문제가 생겼을 때 부모에게 알릴 수 있겠다는 생각이 든다.

그런 차원에서 부모 대상 성인지 감수성, 성평등, 디지털 성범죄 등의 교육이 강조되고 있고, 최근 부모 교육에서 이런 교육이 이전보다 활발하게 이루어지는 것을 볼 수 있다. 부모들은 학교에서 모든 것을 해결해줄 수 있다는 안일하고 의존적인 생각을 접어야 한다. 학교에서 아이들의 일상을 모두 관리할 수는 없는 노릇이다. 부모가 이런 디지털 성범죄 실태에 대해 인지하고 있는 것 자체가 관심이며, 무엇보다 우리 아이에게도 일어날 수 있다는 생각을 갖는 것이 가장 큰 대비책이다. 디지털 성범죄는 조직적이고 치밀하게 이루어지기 때문에 아이 혼자 해결하기 어렵다. 그렇기에 주변 어른들, 특히 양육자 교육이 중요하다. 또한 이런 내용을 공부할 때, 어두운 이야기라 아이는 몰라도 된다는 생각을 버려야 한다. 아이와 관련된 내용은 동반 교육, 동반 공부가 이뤄져야 한다.

부모들이 디지털 성범죄와 관련하여 평소에 자녀들에게 어떤 관심을 기울여야 할지 정리해보면 다음과 같다.

1. 평소에 대화를 많이 한다.

이는 디지털 성범죄 영역에 대해서만이 아니라 관계성에 있어서도 가장 중요하다. 누굴 자주 만나는지, 요즘 관심사는 무엇인지 취조 형식이 아닌 공감의 방식으로 대화를 나누어야 아이가 자기 안으로 숨지 않는다.

2. 낯선 누군가를 만나거나 무슨 일이 있다면 자신에게 꼭 먼저 말해줄 것을 당부한다.

평소에 아빠와 엄마, 우리 가족은 너를 1차적으로 보호할 것이라고 말해주고 신뢰를 주는 게 중요하다.

3. TV나 미디어 채널을 통해 접하는 기사들을 가끔 얘기하면서 그와 같은 일에 대해 물어보는 등의 관심을 보인다.

이런 대화를 할 때, 비난하는 방식("저런 아이들이 문제다")이나 간접적인 취조 방식("설마 너는 안 그렇지?")으로 말하지 않는 게 중요하다. 피해자가 나쁜 게 아니라는 내용을 언급해주는 것을 권장한다.

4. 우리 아이가 피해자뿐만 아니라 가해자가 될 수 있다는 것도 인지한다.

부모가 가진 생각 중 가장 해로운 것이 "우리 아이는 그런 아이가 아니다"라는 생각이다. 이런 생각은 오히려 문제를 해결하는 데 방해가 되며, 아이가 가해자가 되었을 때 반성하고 앞으로 다시는 그러지 않을 수 있는 기회를 뺏는다. 누구나 잘못할 수 있고 그것이 우리 아이가 될 수도 있다는 생각을 해야 예방이 된다.

5. 용돈이 부족하지는 않은지, 용돈을 어떻게 사용하고 있는지 관심을 갖는다.

갑자기 비싼 물건을 구입하거나 새로운 물건을 샀을 때 자연스럽게 관심을 가지면서 상황을 파악한다. 특히 이런 일이 반복될 때는 더욱 관심을 기울일 필요가 있다.

6. 아이와 대화를 통해 '청소년유해정보차단앱'을 설치할 수 있도록 한다.

안드로이드 스마트폰의 경우 이동통신사별로 각각 다른 유해정보 차단 앱을 이용할 수 있다. 이는 아이가 뉴스 등을 보다가 무심코 접속할 수 있는 유해 콘텐츠를 차단하는 기능이며, 의무화된 부분이 있으나 유해 판단 기준이 명확하지 않아서 사용에 불편을 겪기도 한다. 무엇보다 부모의 강요에 의해 설치하게 하기보다는 아이와 대화를 나눠 함께 결정해야 한다. 감시가 아니라 보호의 차원이며, 아이 스스로 필요하다는 동의가 일어나지 않으면 의미가 없다.

아이가 디지털 성범죄 피해자가 됐을 때 부모의 대처 소통법

1. 아이가 말할 때, 천천히 말할 수 있도록 환경 조성하기(둘만의 장소에서 이야기 나누기, 분위기를 부드럽게, 공감과 경청으로, 안도감을 느끼도록 해주기)

2. 너무나도 놀랐을 아이의 마음에 집중하며 다그치거나 왜 그랬냐며 책망하지 않기, 부모에게 얘기해준 것에 고마움 표현하기, 안아주기

3. 이제부터 부모인 우리가 알아서 할 거니 너는 걱정하지 말라고 이야기해주기(네 잘못이니 네가 잘 해결해야 한다는 식으로 말하지 말기, 걱정되는 것이 있다면 미리 말해달라고 하기, 절대 한숨이나 일처리를 하느라 힘들다는 표현하지 않기)

4. 분명히 가해자가 잘못한 것이며, 실수할 수 있다는 것 알려주기(네가 나쁜 아이가 아니라는 것을 알려주기)

5. 부모에게 알리겠다는 협박을 받고 고민했을 아이의 마음 안도시켜주기, 부모에게 바로 얘기할 수 없었던 이유 들어보기. 미안하다고 사과하기.

6. 신속하게 신고하고 아이의 외상 스트레스 살피기, 전문상담을 받도록 하기

7. 위축된 아이의 마음을 달래고 자존감을 회복시켜주는 차원에서 함께 시간 보내기, 어설픈 충고를 하거나 앞으로 절대 이런 일이 있으면 안 된다는 식으로 말하지 않기

교사의 역할[*]

교사 역시 아이들의 온라인 환경에 대한 관심과 디지털 성 범죄 현상에 관심을 기울이는 것이 중요하다. 무엇보다 학교 와 가정이 협력해야 한다는 사실을 기억하자. 디지털 성범죄 예방에 대한 부모 교육이나 자료를 정기적으로 발송해 가정 에서 관심을 갖도록 동참시키는 것이 필요하다.

이와 동시에 학교 내부 교육이 필요한데, 게시판 등에 대 처 방안과 소통 창구를 수시로 접할 수 있게 부착해두자. 언 제든 소통 창구가 열려있다고 알려야 하며, 학교에 소통 채 널(지정하여 연락할 수 있는 담당 교사 등)을 마련한다. 더 깊이 관심 을 기울여 학교 내 청소년 또래상담, 전문 교사, 학부모 지원 단 등을 배치하면 이상적이다.

교사는 학생의 피해 사실을 아는 순간부터 신속하게 대처 하는 게 중요하다. 시간이 늘어질수록 아이는 심리적 타격과 불안이 증폭되어 스스로 더 큰 문제 속으로 들어갈 수 있음 을 주의해야 한다. 교사 혼자 처리하는 건 금물이며, 양육자 에게 알려 협력할 수 있도록 한다. 그러면서 동시에 가장 빠

---

[*] 교사를 비롯한 청소년지도자 등 청소년 주변 어른을 모두 포함한다.

르게 아이의 심리를 지원할 수 있는 방법을 모색한다. 즉, 문제 해결과 동시에 아이의 심리적 보호를 빠른 시간 안에 진행하는 게 중요하다.

이런 과정에서 가장 중요한 것이 교사의 시각이다. 피해 학생이 단초를 제공한 것처럼 어쩌다가 그런 일이 일어났냐는 식의 의심을 조금이라도 드러내지 않아야 한다. 아이는 지금 가장 취약한 상태이며, 그 누구보다 가장 걱정되고 불안한 상태임을 기억하고 조심스럽게 대화를 이어나가야 한다. 또한 바쁜 와중에 귀찮은 일이 생겨서 힘들다는 표현을 하면 가뜩이나 위축된 아이는 이를 더 크게 받아들여서 죄책감을 느낄 수 있다. 교사로서 아이와 함께 문제를 해결하고자 할 때 다음과 같은 점에 유의하자.

1. 잘 해결될 수 있다고 안도시키기. 방법을 알고 있으니 같이 해결하자는 말로 힘 실어주기

먼저, 선생님에게 말해준 것에 대해 고마움을 표현하고 이제 혼자가 아니니 걱정하지 말라고 안도시켜주면서 동시에 아이의 공포스러운 마음을 알아준다. 또한 앞으로 어떻게 했으면 좋겠는지 아이의 여러 생각과 마음을 다정하게 물어주며 최선을 다해 함께하겠다고 진정시킨다. 누구에게나

그런 일이 일어날 수 있다고 말해주고, 무조건적으로 편이 되어주는 말을 건넨다.

2. 부모님과는 꼭 협력해야 한다고 말해주기. 절대 교사 혼자 해결하지 않기

부모님이 엄격할 경우, 아이는 부모에게는 말하지 말아달라는 부탁을 할 수 있다. 그러나 선생님이 잘 얘기할 거고 부모에게 알려서 함께 협력해야 한다고 얘기해줘야 한다. 문제해결의 1순위는 부모(양육자)임을 아이에게, 부모에게 인지시킨다.

3. 친구들에게 알려지지 않도록 하겠다고 약속하기

피해 학생의 입장에서 자신의 일이 학교 내에 알려질까 봐 걱정이 앞설 것이다. 친구들에게 알려지지 않게 하겠다고 약속하고, 동료 교사와도 이 부분에 대해 충분히 이야기를 나누어서 피해 학생에게 공연히 알고 있다는 티를 내지 않도록 당부한다. 그리고 피해 학생에게 누구누구가 알고 있다는 걸 정확하게 전달하고, 피해 학생이 누구에게 이야기 했는지도 파악해 놓는다.

4. 증거를 수집할 수 있게 안내하기

디지털 성범죄 피해자들은 겁을 먹거나 자신이 잘못한 부분을 숨겨야 한다는 생각을 가지고 증거 자료를 삭제하는

경우가 많다. 다른 사람에게 알리기 전에 이미 삭제한 경우
도 매우 흔하다. 주고받은 카톡방을 나오거나, 주고받은 사
진과 영상을 삭제하거나, 입금 내역과 통화 내역 등을 보
기가 괴로워서 삭제하는 경우도 있다. 작은 자료라도 수사
에 도움이 되니 증거를 수집해두도록 하고, 필요하다면 동
의를 얻어 부모나 교사가 증거 자료를 함께 모을 수 있도록
한다.

5. 상담 등 마음을 치유하는 것 지원하기. 힘들면 언제든 선
생님을 찾아오라고 말해주기

피해 학생은 그 어느 때보다 스트레스를 심하게 받고 있으
며 마음이 취약해진 상태임을 알고 곧바로 상담 등의 지원
을 시작해야 한다. 사건을 해결한 후에 하겠다며 미루면,
아이는 사건을 조사하는 과정에서 혼자만의 생각으로 더욱
깊은 우울과 죄책감에 빠질 수 있다. 전문기관 등의 도움을
받고 힘들면 언제든 선생님을 찾아오라고 말해주고, 틈틈
이 밝은 표정으로 마음의 안부를 묻도록 한다.

3

피해 신고와
피해자 구제를 위한 방안

다음은 경찰청에서 배포하고 있는 디지털 성범죄 피해에 대해 경찰청 신고 시 지원하는 내용이다.

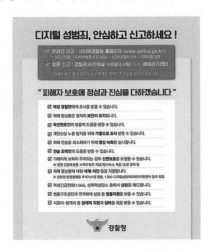

내용을 보면 디지털 성범죄를 안심하고 신고할 수 있도록 체계적으로 지원하고 있다.

- 여성 경찰관에게 조사를 받을 수 있음
- 피해 영상물 보안 유지
- 국선변호인의 법률적 도움
- 개인 신상 노출 방지를 위해 가명으로 조사
- 피해 진술을 최소화하기 위해 영상 녹화
- 진술 조력인의 도움
- 가해자의 보복으로부터 신변보호(경찰 긴급호출용 스마트워치 지급/임시숙소 제공/순찰 강화 등)
- 피해 영상물 삭제, 차단
- 여성긴급전화 1366, 성폭력상담소 상담 지원
- 법률구조공단과 연계하여 법률 지원
- 치료비, 생계비 등 경제적 지원과 쉼터

온라인 신고 : 사이버경찰청 홈페이지(www.police.go.kr)
(카테고리 : 신고/지원 〉 사이버범죄 신고/상담)
방문 신고 : 경찰관서(민원실/사이버수사팀), 해바라기센터
*피해자 동의 없이는 누구에게도 피해신고 사실을 알리지 않습니다.

'디지털성범죄피해자지원센터'는 디지털 성범죄 피해에 대한 접수와 상담 그리고 삭제 지원과 유포 현황을 모니터링해서 피해자를 더 적극적으로 지원하고 있다. 홈페이지 내 Q&A 내용 중 일부를 소개한다.

Q. 구체적으로 어떤 지원을 받을 수 있나요?

지속적인 상담, 피해 촬영물 삭제 지원, 피해자가 원하는 수사와 법률 지원, 의료와 심리치유 지원, 쉼터로의 연결. 기본적인 상담과 삭제 무료 지원. 재유포도 지원받음.

-> 온라인 상담 게시판, 전화 접수를 통해 상담 신청

Q. 가해자가 누군지 모르는데 신고할 수 있나요?

가해자를 유추할 수 있는 최소한의 정보(유포 시기, 유포 ID 등)가 필요. 가해자 신원이 파악되지 않더라도 삭제 지원에 필요한 근거자료가 있는 경우 상담과 삭제 지원을 받을 수 있음

Q. 가해자가 가족이라면?

여성긴급전화 1366, 한국성폭력상담소 등을 통하여 보호시설에서 숙식 제공

Q. 성관계 영상 촬영에 동의했으면 유포되는 것도 자기 책임인가요?

동의 없이 성적 촬영물이 유포되었다면 디지털 성범죄입니

다. 촬영 동의가 유포 동의를 말하는 것이 아닙니다. 의사에 반하여 유포하면 처벌 대상입니다.[35]

성적 문자 및 영상 전송에 대처하는 법

• 친구가 올린 성적 영상 보고 불쾌할 때

　☞ 불쾌함 표현 / 대화 중단 및 신고하기

• 성적인 욕설, 몸 사진·영상을 받았을 때

　☞ 대화 중단 및 신고하기

• SNS에서 성적인 영상을 봤을 때

　☞ '신고', '스팸' 누르기 / 다른 곳에 게시하지 않기

• 몸 사진 전송을 요구받았을 때

　☞ 절대 응하지 않고 대화 중단하기

출처 : 디지털 성범죄 이렇게 대처해요(인천광역시교육청)

도움을 요청할 수 있는 곳

〈사건을 수사해주세요!〉

- 사이버경찰청 : 112 / 앱 : 112 긴급신고, 스마트국민제보 / 학교전담경찰관
- 방송통신심의위원회 : 1377

〈영상 유포를 막아주세요!〉

- 디지털성범죄피해자지원센터 : 02-735-8994(24시간)
  https://d4u.stop.or.kr
- 여성긴급전화 : 국번없이 1366(24시간)

〈여러 상담을 받고 싶어요!〉

- 청소년사이버상담센터 : 1388 | http://www.cyber1388.kr
- 학교폭력신고센터 : 117 / #0117(문자신고) | https://www.safe182.go.kr
- 온 서울 세이프(카카오톡 오픈채팅 상담 지원) : 02-815-0382
  http://www.onseoulsafe.kr | 8150382@seoulwomen.or.kr

* 2022년 12월 기준

4
디지털 성범죄 예방과
성인지 감수성 교육

성인지 감수성 교육

우리 사회에서 성과 관련한 문제는 어제오늘 일이 아니다. 학교와 회사, 공공기관 등 사회 곳곳에서 끝없이 성희롱과 성폭력 문제와 사건이 발생하고 있다. 이런 문제가 일어나는 궁극적인 이유는 많은 사람이 '무지'한 것에 있다. 여기서 무지란, 정보 부족이 아닌 감수성의 부족을 말한다. 우리는 흔히 감성이라는 용어와 감수성이라는 용어를 혼동해 사용하곤 한다.

감성 : 나와 내 감정의 관계

감수성 : 나와 타인 감정과의 관계

감수성이 부족하다는 의미는 내가 지금 하는 말과 행동이 타인에게 어떤 느낌을 줄지에 대해 무지하다는 것을 말한다. 누군가를 향해서 외모적 언급을 하는 것이 (설사 긍정적인 말이더라도) '평가'라는 것을 모르고 있는 것, 성 관련 범죄에서 가장 많이 나오는 말이 장난, 그냥, 호기심, 딸 같아서, 좋은 의도로 등의 변명이라는 것이 감수성이 부족하다는 근거이다. 성에 대한 인식을 바로잡으려면 단발성 교육만으로는 부족하다. 일상에서 성찰하고 타인과 건강하게 소통하는 게 무엇인지를 알아야 제대로 된 감수성 교육이 이뤄질 수 있다.

다시 말해, 성평등 교육, 성인지 감수성 교육, 성희롱 예방 교육 등이 의무 교육 차원에서만 진행될 것이 아니라 일상적인 소통과 문화 교육이 이루어져야 한다는 말이다. 의무 교육만으로 일상생활에서 무심코 하는 자신의 말과 행동이 누군가에게 불편감을 주지는 않는지 세심한 부분까지 아우르기는 어렵다.

일상에서 성과 관련된 불편함은 하나의 사례처럼 선명하게 두드러지기보다는 애매하고 경계가 명확하지 않을 때가 많다. 심정적으로는 불편하지만 어느 지점이 불편한지 명확히 설명하기 어려울 때가 많으며, 정작 말로 설명하면 실제 불편함보다 소소하게 느껴진다. 그러니 "뭘 그런 것 가지고 그러냐." 혹은 "웃자고 한 말에 죽자고 달려드냐." 등의 말로 상대방의 불편을 깔아뭉개는 일이 일어난다. 의무 교육에서 사례를 접하더라도 '나는 저렇게는 하지 않는다'는 생각으로 일상과는 거리가 먼 일이라고 여기게 된다.

성과 관련한 불편함을 말하는 사람이 특별한 각오를 하지 않고도 얘기할 수 있는 분위기가 조성되어야 하며, 듣는 사람 역시 자신의 의도보다 상대방의 불편한 마음을 먼저 살피는 태도가 기반이 되어야 한다.

결국 일상에서 성별과 성정체성을 구분하고, 구분한 성별에 따라 사회적으로 강요하고 있는 역할성(여성성, 남성성 혹은 이러해야 한다는 단정짓기)을 면밀하게 알아차릴 수 있는 시각을 개개인이 갖는 것이 성인지 감수성 교육의 핵심이라고 할 수 있다.

청소년의 능동적인 예방활동

디지털 성범죄가 기승을 부리면서 많은 학교에서 이와 관련된 교육을 진행한다. 학교 내 게시판에 예방 포스터를 붙이기도 하고 문제 발생 시 어디로 연락해야 하는지 알려주기도 한다. 청소년에게 일어나는 디지털 성범죄는 온라인 그루밍과 학교폭력의 형태가 많기 때문에 자신에게 일어나고 있는 일을 제대로 보는 눈을 길러야 한다. 디지털 성범죄로부터 스스로를 지키기 위해서 청소년들이 스스로 저항할 수 있고, 청소년들끼리 연대할 수 있도록 하는 게 중요하다.

청소년 디지털 성범죄. 이 세 단어를 들여다보자.

청소년,

디지털,

성범죄.

문제 해결을 위해 이 용어 속에 갇히지 않는 시각이 필요하다.

- **청소년** : '요즘 아이들이 그렇지', '청소년들이 미성숙해서 그렇지' 등의 청소년 시기의 특성이라 치부하는 시각을 거둬야 한다.
- **디지털** : 거듭 강조하지만 디지털이라는 차원이 다른 세계에서 벌어지는 일이 아니라 사람과 사람 사이에 일어나는 일이다. 오프라인에서 낯선 사람이 접근해올 때 대처하는 방식과 동일하게 대응해야 한다.
- **성범죄** : 성에 관심을 가지고 있는 사람에게만 일어나는 일이 아니며, 성과 관련된 거라 감추고 쉬쉬하는 문화가 문제

를 더 키운다. 관심을 축소시키면 문제가 덜 일어날 거라는 안일한 생각에서 벗어나 범죄로부터 자신을 지키는 법을 알려줘야 한다.

청소년 디지털 성범죄 예방에 있어서 청소년을 보호 통제의 대상으로 설정하고 교사와 부모가 관리의 역할을 맡는 것이 아니라, 청소년들에게 자체적인 사고와 힘을 키우는 법과 시스템에 저항하는 법을 가르쳐야 한다. 또한 청소년 개인이 아니라 청소년들의 생각을 모아 연대할 수 있게 해야 한다.

그 해결책으로 디지털 성범죄 영역의 또래상담반 운영이나 안전 디지털 지킴이 활동 등을 할 수 있다. 학교 내에서 청소년들이 직접 캠페인과 토론 등을 운영하도록 해 정보성의 교육이 아니라 사고할 수 있는 기회를 가지도록 해야 한다. 정보의 힘이 아니라 사고의 힘으로 널리 알려질 수 있게 하는 것이다.

어른들의 시각에서는 금지하거나 줄이는 수준의 방안을 생각할 수밖에 없기에, 디지털 문화에 대해 어른들보다 더 많이 알고 있는 청소년들과 생각을 모으는 활동을 기획하는 것이 좋다. 안전 디지털 지킴이 활동의 예를 정리해보자면 다음과 같다.

학교 전체의 공모전을 통해 안전한 디지털 생활의 아이디어를 모집한다.(이때 어떤 엉뚱한 의견도 도움이 된다는 걸 기억하자) 이때 나온 의견을 모으고 공표할 청소년 부서나 지속성을 가진 동아리 같은 것이 있다면 더욱 좋다. 예산 지원 등을 통해 활동을 지원하고, 우리 학교 활동을 다른 학교에도 널리 전파할 수 있는 방안으로 기획하며, 부모에게 바라는 것이 무엇인지도 청소년의 의견을 취합하여 가정통신문을 발송한다.

이런 활동은 주체성과 연대의 힘을 바탕으로 하며 다음과 같은 특징을 갖는다.

1. 청소년 직접 인력 양성을 통해 보다 깊이 있는 교육을 할 수 있다.
2. 또래 지킴이 활동을 통해 주변에 전파력을 높일 수 있다.
3. 의무 교육 수준에 머무는 것을 넘어 캠페인 등의 다양한 활동을 할 수 있다.
4. 각 학교마다 활동한 내용들이 집단지성이 되어 다른 학교에 전파될 수 있다.
5. 청소년들이 스스로 디지털 성범죄 예방의 주체가 된다.
6. 디지털 세상에서 디지털 문화의 주인공으로서의 경험이 중요하다.

7. 또래의 공감적 시선을 통해 문제해결에 더 가까이 갈 수 있다.

구체적인 활동 내용을 제안해보자면 다음과 같다.

- 디지털 성범죄 예방 캠페인 영상 만들기
- 피해를 입은 친구들에게 하고 싶은 말 편지쓰기
- 가해자들에게 하고 싶은 말 작성하기
- 피해 사례 정리해서 공유하기
- 문제 발생 시 연락할 수 있는 학교 내 연락처 전파하기
- 디지털 성범죄 예방 핵심 문구 스티커 만들기
- 안전한 앱 설치하도록 권유하기
- 활동 기록을 통해 각종 연구 자료에 활용될 수 있도록 하기
- 정기적으로 카드 뉴스 제작하기
- 친구들 SNS 관찰하기(노출사진, 댓글, 개인정보 과다 등)

지역 내 청소년 기관이나 상담 기관과의 협력 활동, 전담 경찰관이나 관내 파출소와 함께하는 캠페인 활동도 큰 도움이 된다.

이런 활동은 초등학교 때부터 시작해야 하며, 교육 3주체

의 연합 활동도 필요하다. 관련 법 제정과 예산 지원을 위한 부모들의 청원 활동으로 좀 더 체계적인 활동으로 확장될 수 있다.

이런 활동의 목표는 관심과 예방임을 기억하자. 이로 인해 1건을 막는다면 한 사람을 살리는 것만큼 의미가 큰 일이며, 예방법을 알고 있는 것 자체가 가장 빠른 해결책임을 기억하자.

주

1장

1. 2021. 12. 07. 매일경제, "코로나속 디지털 성범죄 급증⋯작년 1만 6866명 적발"(https://www.mk.co.kr/news/society/10129081)

2. 2022. 9. 22. 경향신문, "'n번방' 이후에도 여전했던 솜방망이⋯작년 디지털성범죄 1800건 넘게 '약식기소'"(https://www.khan.co.kr/national/national-general/article/202209221646001)

3. 2021. 7. 12. 한겨레, "기록되지 않는 '젠더폭력'들⋯ 112 통계서 피해자는 지워졌다"(https://www.hani.co.kr/arti/society/women/1003094.html)

4. 2022. 6. 21. 매일경제, "코로나19 기간 동안 성범죄 큰폭 증가"(https://www.mk.co.kr/news/society/10357257)

5. 2022. 3. 24. 이투데이, "코로나 이후 아동·청소년 디지털 성범죄·사이버학폭 급증"(https://www.etoday.co.kr/news/view/2117170)

2장

6. "'디지털 성범죄' 관련 정부대책과 개선방안", 김연수·정준섭, 2018.

7. "인공지능(AI) 기술을 이용한 디지털 성범죄에 대한 검토 – 딥페이크(Deepfake) 포르노 규제를 중심으로, 배상균, 2019.

8. '초소형 카메라 판매금지 국민청원 답변안', 고주희 디지털소통센터장(https://youtu.be/0AJoiZQbAYw)

9. "카메라등이용촬영죄 처벌의 문제점과 개선방안". 김현아, 2017.

10. "디지털 성범죄 관련 정부대책과 개선방안". 김연수·정준섭, 2018.

11. "최근의 양성갈등 상황과 양성평등 관점에서 본 디지털 성범죄", 이윤정, 2019.

12. 위와 같음.

13. 2021. 7. 13. 서울신문, "'육군장교 데이트폭력' 신고에 군사경찰 '사생활'"(https://www.seoul.co.kr/news/newsView.php?id=20210713500008)

14. "몸캠피싱 악성코드 프로파일링 모델 설계", 박현민·이상진, 2020.

15. 2016. 2. 7. 디지털투데이, "몸+로또...스마트폰 해킹 돈 뜯는 몸캠피싱 '몸또'"(http://www.digitaltoday.co.kr/news/articleView.html?idxno=67942)

16. 2020. 3. 29. 한국경제, "n번방 시발점 된 스마트폰 '몸캠피싱'(https://www.hankyung.com/society/article/202003299185i)

17. 2019. 7. 2. 아시아경제, "'선정적 사진에 딸 얼굴 합성' 피해자 母 '우리 아이 잃어버린 웃음 찾아주세요'"(https://www.asiae.co.kr/article/2019070214333524273)

18. "인공지능(AI) 기술을 이용한 디지털 성범죄에 대한 검토 – 딥페이크(Deepfake) 포르노 규제를 중심으로", 배상균, 2019.

19. 2021. 2. 25. 연합뉴스, "'용돈 벌려다 철창신세' 연예인 딥페이크 영상 판매 10대 구속"(https://www.yna.co.kr/view/AKR20210225081700051?input=1195m)

20. 2020. 4. 10. 경향신문, "선생님들이 원격수업을 두려워하는 이유"(https://www.khan.co.kr/national/national-general/

article/202004101119001)

21. "인공지능(AI) 기술을 이용한 디지털 성범죄에 대한 검토 – 딥페이크(Deepfake) 포르노 규제를 중심으로", 배상균, 2019.

22. 2021. 2. 25. 연합뉴스, "'용돈 벌려다 철창신세' 연예인 딥페이크 영상 판매 10대 구속"(https://www.yna.co.kr/view/AKR20210225081700051?input=1195m)

3장

23. "청소년의 랜덤 채팅 중독으로 인한 성의식 변화와 성매매 대응 방안", 김선희·김미숙, 2017.

24. 2020. 3. 28. MBC 뉴스데스크, "'조건 만남 아냐?'…'성 착취 당해도 신고 못해요'"(https://imnews.imbc.com/replay/2020/nwdesk/article/5683750_32524.html)

25. 2020. 6. 15. 뉴스1, "위기 청소년 절반 '조건만남' 경험했다…온라인 접근 87%"(https://www.news1.kr/articles/?3965413)

26. 2020. 4. 29. 뉴시스, "미성년자 '조건만남' 유인, 성착취영상물 찍게 한 30대 구속"(https://newsis.com/view/?id=NISX20200429_0001010123&cID=14001&pID=14000)

27. 2020. 4. 9. KBS 뉴스, "어느 날, 내 아이가 디지털 성범죄 피해자가 되었습니다"(https://news.kbs.co.kr/news/view.do?ncd=4420933)

28. 위와 같음.

29. 2020. 1. 14. CBS노컷뉴스, '몸캠노예' 내몰린 아이들…"돈 없어? 몸으로 때워!"

30. 2019, 11, 25. 한겨레, "텔레그램에 퍼지는 성착취 영상…'알바모집' 속아 '노예'가 되었다"(https://www.hani.co.kr/arti/society/women/918321.html)

4장

31. 2022. 8. 11. IT동아, "성범죄 신고 포기하는 아동·청소년… '부모 통지 수사규칙 개정해야'"(https://it.donga.com/102615/)

32. 위와 같음.

33. 여성가족부 공식 블로그(https://blog.naver.com/mogefkorea/222852415488)

34. 2022. 6. 19. 시사IN, "'부모에게 알리겠다' 어떻게 협박이 되었나"(https://www.sisain.co.kr/news/articleView.html?idxno=47674)

35. 한국여성인권진흥원(디지털성범죄피해자지원센터) 홈페이지(www.stop.or.kr)

디지털 시대, 나를 지키는 필수 상식

알고 대처하는 디지털 성범죄

ⓒ원은정

1판 1쇄 인쇄 2022년 12월 15일 **1판 1쇄 발행** 2022년 12월 23일

지은이 원은정

펴낸이 전광철 **펴낸곳** 협동조합 착한책가게

주소 서울시 마포구 독막로 28길 10, 109동 상가 b101-957호

등록 제2015-000038호(2015년 1월 30일)

전화 02) 322-3238 **팩스** 02) 6499-8485

이메일 bonaliber@gmail.com

홈페이지 sogoodbook.com

ISBN 979-11-90400-42-8 (03330)